Markus Wäsch (Hrsg.)

Sprechstunde bei Gott

Tipps für Beter

Markus Wäsch (Hrsg.)

Sprech-Stunde bei Gott

Tipps für Beter

Meinem Vater,
der zwei Tage nach Fertigstellung
des Manuskriptes für dieses Buch verstorben ist.

Christliche Verlagsgesellschaft mbH

Wäsch, Markus (Hrsg.)
Sprech-Stunde bei Gott
Tipps für Beter

ISBN 3-89436-487-4

www.cv-dillenburg.de

Satz: CV Dillenburg
Umschlaggestaltung: Martina Kugele, Calw
Druck: Ebner&Spiegel, Ulm

Printed in Germany

inhaltsverzeichnis

vorwort

Meine unbeschwerte Kindheit war spätestens in dem Moment beendet, als ich zum ersten Mal mit der Berufswelt konfrontiert wurde. Wir sollten damals von der Schule aus ein Betriebspraktikum machen. Ich hatte mich für einen Fliesenleger-Betrieb in der Nachbarstadt entschieden. Mein Vater arbeitete im selben Ort als Innenarchitekt bei einer großen Möbelfirma. Laut Jugendarbeitsschutzgesetz durften wir als Schüler nicht länger als sechs Stunden am Tag beschäftigt werden. Um jeweils anschließend nach Hause zu kommen, hatte mein Vater mir angeboten, mich zwischendurch zu fahren. »Melde dich bei mir, wenn du Feierabend hast«, schlug er vor.

So habe ich's gemacht. Am ersten Tag betrat ich also das Großraumbüro, wo mein Dad in einem Bereich als Abteilungsleiter beschäftigt war. Es ging dort zu wie in einem Bienenstock. Sekretärinnen liefen mit Bergen von Akten von einem Ende zum anderen, Telefone klingelten und alle waren furchtbar beschäftigt. Ich ging durch die Reihen und sagte hier und da: »Guten Tag!«, aber keiner nahm von einem 14-Jährigen Notiz. Zumindest, bis ich am Schreibtisch meines Vaters ankam. Gerade hatte er noch etwas mit dem Chef zu besprechen gehabt. Dann kam eine Szene, die ich nicht vergessen habe. Als mein Vater aufblickte, ging ein Leuchten über sein Gesicht. Es war deutlich zu erkennen, dass er sich freute, mich zu sehen. Sofort ließ er alles stehen und liegen, um mit mir zum Auto zu gehen. Obwohl alle möglichen Leute etwas von ihm wollten, war ihm jetzt nichts wichtiger, als sein Versprechen mir gegenüber einzulösen. Was war der Unterschied zwischen all den Kollegen, den Kunden am Telefon, sogar dem Chef und mir? Ich war sein Sohn! Das hat es ausgemacht.

Gott freut sich, wenn seine Kinder an seinem »Schreibtisch« erscheinen. Er genießt jede Begegnung mit uns. Und er geht gerne auf unsere

Anliegen ein. Er liebt die Gemeinschaft mit uns und möchte uns begleiten. Als mein Vater und ich zum Ausgang gingen, versuchte ich es noch mal: »Guten Tag!« Plötzlich sagten alle: »Guten Tag!« Es ist ein erhebendes Gefühl, an der Seite des himmlischen Vaters durch das Leben zu gehen. Jedes Zusammentreffen mit anderen Menschen ist dann bestimmt von der Beziehung zu ihm, dem Höchsten.

»Sprech-Stunde bei Gott« soll dich motivieren (mehr) zu beten. Zu Gott kann jeder kommen, sogar ohne Anmeldung und Wartezeiten. Ernst gemeinte Gebete hört er. Er freut sich, wenn du ihm gegenüber durch dein Erscheinen Vertrauen beweist. Und er nimmt sich deiner Situation gerne an. Nichts ist ihm zu kompliziert und nichts zu unbedeutend.

Dieses Buch ist in fünf Hauptabschnitte eingeteilt (die Anfangsbuchstaben der Überschriften ergeben G.E.B.E.T.). Der erste Teil, »Gottes Tür steht offen«, ist als grundsätzliche Einführung ins Thema zu verstehen. Im zweiten Teil, »Es muss erbeten sein«, geht es um unsere Anliegen, um Fürbitte, um das, was dir vielleicht als erstes einfällt, wenn du an Beten denkst. Aber drittens: »Beten ist mehr« als das. Gott will nicht nur Bitten und Probleme von dir hören. Dank und Anbetung gehören maßgeblich zu einem Gebetsleben dazu. Der vierte Abschnitt, »Enttäuschte Beter«, geht auf die schwierige Frage ein, warum manche Gebete unerhört bleiben. Schließlich erfüllen sich nicht alle unsere Bitten so, wie wir es uns wünschen. Im letzten Teil, »Typische Fragen«, erwartet dich ein interessanter Anhang mit unterschiedlichen Fragen zum Thema und natürlich den entsprechenden Antworten.

Ich wünsche mir, dass dieses Buch dich veranlasst, immer öfter an Gottes Schreibtisch - oder sagen wir, wie es ist -, vor seinem Thron zu erscheinen. Bei ihm ist »Sprech-Stunde« rund um die Uhr. Wenn du diese Chance erkannt hast, wird dein Leben eine unvorstellbare Bereicherung erfahren.

Markus Wäsch

teil 1: gottes tür steht offen

Holger ist zusammen mit seinem Zwillingsbruder in einem katholischen Internat aufgewachsen. Eine persönliche Beziehung zu Gott hatten die beiden nicht. Als Holger Anfang zwanzig war, betete er: »Gott, ich möchte dich kennen lernen.« Diese Sehnsucht war unter anderem durch einige schreckliche Erlebnisse ausgelöst worden, die er mit der übersinnlichen (okkulten) Welt gemacht hatte. Ein halbes Jahr später begegneten wir uns. Er erzählte mir, dass er damals, kurze Zeit nach jenem Gebet, über eine Wiese ging und vor sich im Gras ein Lesezeichen in Kreuzform fand, das irgendjemand verloren haben musste. Darauf stand: *»Fürchte dich nicht, denn ich habe dich erlöst. Jesaja 43,1«*. Er trug es in seinem Portmonee bei sich und zeigte es mir. Dieses alttestamentliche Bibelwort gab ihm allerdings zunächst ein paar Rätsel auf. »Aber ich wusste, dass das ein Zeichen von Gott war«, sagte er. Als ich ihm von Jesus erzählte, wurden seine Augen immer größer. Er konnte kaum fassen, was Gott ihm in seinem Sohn Jesus Christus anbot. Er wurde noch am gleichen Tag Christ. Gott hat sein Gebet beantwortet. Und so wird es jedem gehen, der nach Gott *»ehrlich und von ganzem Herzen fragt«* (5. Mose 4,29).

Einige Gebete in der Bibel bestehen aus nur drei Wörtern: *»Herr, hilf mir«*, *»Herr, rette mich«*, *»Herr ... du kannst mich rein machen«* (gut, das sind zwei mal drei). So ein Hilferuf deinerseits kann der Anfang einer lebenslangen Verbindung zu Gott sein. Er selbst hat längst zu dir geredet. Am deutlichsten in seinem Sohn (Hebräer 1,1-2). Seitdem hat jeder Mensch freien Zutritt zu Gott. Er hofft einfach, dass du *sein* Reden beantwortest.

Meine Oma hatte die gleiche Adresse wie wir und wohnte im Hinterhaus. Ihre Terrassentür war immer offen, von morgens früh bis abends spät, im Sommer und im Winter. Wir waren als Enkel jederzeit willkommen. War die Tür ausnahmsweise abgeschlossen, dann war sie einkaufen gegangen, und es konnte nicht lange dauern, bis sie zurückkam.

Genauso steht Gottes Tür jederzeit offen. Er geht nicht einmal zum Einkaufen. Er wartet, dass du reinkommst, um mit ihm zu reden, dich aufzuwärmen oder satt zu werden.

Mein Freund Carsten Polanz wird uns auf den folgenden Seiten in ein Abenteuer mit hineinnehmen, das er in Kanada erlebt hat und das einem einen kalten Schauer über den Rücken jagt. Diese Geschichte hat sein Gebetsleben gründlich verändert. Außerdem wirst du ein paar Grundsätze über den Heiligen Geist lernen und wir werden Jesus sozusagen dabei »beobachten«, wie *er* gebetet hat.

Marcus Nicko

beten? einfach so?

Das wäre doch großartig - mit dem zu reden, der sich jedes Detail des gesamten Universums ausgedacht hat und uns unendlich liebt.
Dabei ist Gebet eigentlich gar nichts Besonderes - abgesehen davon, dass wir mit Gott selbst in Kontakt treten. Aber wir müssen uns keine besonderen Menschen suchen, die für uns beten oder Worte vorsprechen. Nein, wir können ganz persönlich mit Gott reden. Es kommt auch nicht auf bestimmte Formulierungen an.
Gott möchte, dass wir aufrichtig, offen und ehrlich sind.

> Gott moechte, dass wir aufrichtig, offen und ehrlich sind.

Gott hat keinen Ort festgelegt, wo er Gebete erhört. Er empfiehlt uns ein stilles Zimmer, um dort allein und in Ruhe zu ihm zu kommen. Außerdem schlägt die Bibel vor, zusammen mit anderen Menschen zu beten.
Beim Beten ist Gott unser Gesprächspartner. Allein seine erhabene Stellung als Schöpfer, aber auch als der uns liebende und suchende Gott, bedingen, wie wir ihn anreden und welche Haltung wir ihm gegenüber einnehmen.
Gebet ist *die* Gelegenheit, Gott für die Schöpfung, für persönliche Fähigkeiten und vieles mehr zu danken. Wir können ihn bitten, dass er uns die Bibel erklärt und uns hilft, den Weg zu ihm zu finden. Die Bibel lädt ein, Gott unser ganzes Herz auszuschütten. Keine Not ist zu groß, kein Gedanke zu unwichtig, als dass er nicht genannt werden könnte.
Das erste Gebet - falls du es noch nie gewagt hast - erfordert vielleicht Überwindung, ist aber der Anfang einer tiefen Beziehung zu Gott.

Lothar Jung

rund ums gebet

Wir wollen das Thema langsam angehen lassen. Beginnen wir mit ein paar grundsätzlichen Fragen, was die Anrede, den Inhalt und die Haltung beim Beten betrifft. Außerdem folgt ein kurzes Statement zu so genannten Gebetsmärschen.

Zu wem sollen wir eigentlich beten?

Wenn ich mit jemandem rede, dann verwende ich normalerweise auch seinen Namen. Das Gespräch bekommt dann eine persönlichere Note. So weit, so gut. Und wenn ich bete? Welche Anrede kommt da in Frage? »Gott«? Klingt irgendwie distanziert. »Vater«? Schon besser. »Herr Jesus«? Machen auch viele. Und was ist richtig?

Jesus selbst lehrt, dass wir zu Gott, dem Vater, beten sollen. In Lukas 11,1-2 heißt es: *»Einmal hatte Jesus sich irgendwo zum Gebet zurückgezogen. Als er damit fertig war, sagte einer seiner Jünger zu ihm: ›Herr, lehre uns beten. Johannes hat seine Jünger auch beten gelehrt.‹ Jesus sagte zu ihnen: ›Vater, dein heiliger Name werde geehrt …‹«* Also die Empfehlung Jesu ist es, Gott mit »Vater« anzusprechen.

Aber es gibt auch Beispiele in der Bibel, wo Leute zum Herrn Jesus beten: Stephanus etwa (Apostelgeschichte 7,59) und der Apostel Thomas (Johannes 20,28).

Nun werden manche fragen: »In welchen Fällen soll man zu Gott, dem Vater, beten und wann zum Herrn Jesus?« Das ist schwer zu beantworten. Ist aber auch nicht entscheidend, denn in Johannes 10,30 sagt Jesus: *»Ich und der Vater sind eins.«*

Lass dich durch die Frage nach der Gebetsanrede nicht verunsichern, denn beim Beten kommt es nicht auf die Formulierungen, sondern auf die innere Haltung an.

> Beim Beten kommt es nicht auf die Formulierungen, sondern auf die innere Haltung an.

Für das Beten zum Heiligen Geist findet man in der Bibel allerdings keinen Hinweis. Dennoch ist der Heilige Geist gerade beim Beten ausgesprochen wichtig, denn er übt eine Art Übersetzerfunktion für unsere Gebete aus. Er sorgt dafür, dass das Anliegen unserer Gebete richtig vor Gott ankommt (Römer 8,26). Wir beten also nicht zu ihm, aber immer mit ihm.

Was sagt die Bibel, wofür wir beten sollen?

Du darfst, ja du sollst sogar Gott alles sagen, was dich bewegt. Paulus formuliert das in Philipper 4,6 so: *»Macht euch keine Sorgen, sondern bringt eure Anliegen im Gebet mit Bitte und Danksagung vor Gott!«* Ähnlich steht es auch in 1. Petrus 5,7: *»Und werft in Demut alle eure Sorgen auf ihn, denn er sorgt sich um alles, was euch betrifft.«* Gut, oder? Gott sagt klipp und klar, dass ihm wirklich etwas an uns liegt.
Ein anderer Bereich, der in deinem Gebetsleben eine wichtige Rolle spielen sollte, ist die Anbetung Gottes. In Psalm 29,2 steht: *»Gebt dem HERRN die Herrlichkeit seines Namens; betet an den HERRN in heiliger Pracht!«* Anbetung ist so etwas wie Bewunderung. Es ist eine tolle Sache, wenn du es lernst, Gott zu bewundern. Wahrscheinlich bewundern wir viel zu oft irgendwelche anderen Leute und vielleicht sogar manchmal uns selbst. Aber was ist an Menschen schon bewundernswert? Gott - und seine Liebe, die er uns durch Jesus bewiesen hat - ist sogar anbetenswert. Das solltest du Gott auch sagen. Du darfst im Gebet so richtig für Gott schwärmen. Übrigens: Das zu lernen, ist nicht nur für unser Leben auf der Erde wichtig, sondern Anbetung ist auch dann eine wesentliche Beschäftigung, wenn wir im Himmel sein wer-

den (Offenbarung 5,12). Auf das Thema Anbetung gehen wir im dritten Teil des Buches noch näher ein.
Last but not least gibt es noch das Gebet für andere: In 1. Timotheus 2,1-2 ist zu lesen: *»Zuallererst fordere ich die Gemeinde zum Gebet auf: zum Bitten und Flehen, zu Fürbitten und Danksagungen für alle Menschen, besonders für die Regierenden und alle, die Macht haben. Wir beten für sie, damit wir in Ruhe und Frieden ein Leben führen können, das Gott in jeder Hinsicht ehrt und das auch von Menschen geachtet werden kann.«* Fürbitte ist eine wichtige Aufgabe: Bete für deine Eltern, deine Freundinnen und Freunde, für Frauen und Männer, die besonders aktiv in der Gemeinde, Mission und Diakonie arbeiten. Und über Politiker und Polizisten sollten wir weniger Witze machen, als viel mehr für sie zu beten!
Übrigens: Für Tote und zu Toten sollen wir nicht beten. Das hat Gott klar verboten (5. Mose 18,11-12)!

Hände falten - wo kommt das eigentlich her?

Wem wurde das im christlichen Elternhaus oder in der Kinderstunde nicht beigebracht: die Hände beim Beten zu falten? Also scheint diese Gebetshaltung doch biblisch zu sein. Irrtum!
Sie hat sogar einen heidnischen Ursprung. Der furchtsame Germane näherte sich so seinen Göttern, um zu signalisieren: »Lieber Götze, wenn ich jetzt hier zum Altar trete, dann brauchst du keine Angst vor mir zu haben. Und damit du mir das auch glaubst, falte ich die Hände als Zeichen dafür, dass ich dir nichts tun werde.«
Sollten wir vor diesem Hintergrundes die Hände beim Gebet nicht mehr falten? Du brauchst es nicht deshalb lassen, weil der Ursprung bedenklich ist. Jesus hat die Jünger in Markus 7,21-23 darüber belehrt, dass nicht äußere Handlungen den Menschen unrein machen, sondern böse Dinge, die aus dem Herzen kommen. Die Körperhaltung, mit der du betest, ist zweitrangig. Wichtig ist, dass du konzentriert und respektvoll zu Gott betest.

Was ist eigentlich von Gebetsmärschen zu halten?

Gebetsmärsche sind uralt. Als das Volk Israel mit Josua um Jericho marschierte (Josua 6), hätte man auch in gewissem Sinn von einem Gebetsmarsch sprechen können.
In den 70er Jahren des letzten Jahrhunderts gab es so genannte »Jesus-Märsche«. Sie entsprangen der Jesus-People-Bewegung und waren Bekenntnismärsche.
Vor Jahren entstand wieder eine Gebetsmarschbewegung. Auch hier ging es darum, sich zu Jesus zu bekennen, und das ist positiv zu sehen. Ein negativer Aspekt ist die Theologie der »geistlichen Kampfführung«, die sich oft dahinter verbirgt. Sie besagt, dass jedes Land, jede Stadt und jeder Straßenzug von Dämonen beherrscht wird. Zuerst müsse die Macht dieser Dämonen gebrochen werden, zum Beispiel durch einen Gebetsmarsch, dann könne evangelisiert werden. Diese Theologie widerspricht den Aussagen der Bibel. Damit ist sie falsch.
Im 21. Jahrhundert soll es in Deutschland wieder große Gebetsmärsche geben. Bevor du dabei mitmachst, solltest du dir etwas Zeit nehmen und dich mit den Hintergründen beschäftigen. Nicht alles, was in der christlichen Szene populär ist, ist deswegen uneingeschränkt gut.

warum ich bete!?

Beten scheint immer noch »in« zu sein: 44 Prozent der für die aktuelle Shell-Jugendstudie befragten ausländischen Jugendlichen und fast jeder vierte deutsche Jugendliche sagten, sie würden beten. Zum einen versuchen die Shell-Leute, das mit »kindlicher Gewohnheit« zu erklären. Doch bei jungen Männern zwischen 20 und 24 sei Gebet oft »gewissermaßen durch eine Entscheidung fundiert«, heißt es in der

Studie. Allerdings setzen viele Jugendliche »beten« und »meditieren« gleich.
Grundsätzlich besteht heute Offenheit für das Gespräch über Erfahrungen mit der übernatürlichen Welt. Warum reden wir Christen nicht viel mehr darüber, was uns Gebet bedeutet? Ein paar (nicht nur junge) Leute, die mit Jesus leben, wollen wir hier zu Wort kommen lassen. Wir haben die Frage gestellt: »Warum betest du?«

»Im Gebet kann ich mit Jesus Christus, meinem Erlöser, reden. Er hört mich, erhört mich und gibt mir Kraft in allen Lebenslagen.« Walter (64)

»Ich bete, um eine gewisse Gemeinschaft mit Gott zu haben. Ihm meine Probleme, Sorgen, Nöte und Anliegen zu sagen. Wofür ich bete: zum Beispiel für Arbeiten, andere Leute, aber hauptsächlich für Klassenarbeiten.« Jonathan (15)

»Wir brauchen das Gebet, wie die Luft zum Atmen.« Christa (62)

»Ich betet täglich zu unserem Vater im Himmel, damit ich mit ihm in Verbindung bleibe.« Friedhelm (73)

»Weil ich mit Gott im Gebet über alles reden kann und ihn immer und überall (egal ob ich krank oder beim Autofahren bin) ansprechen kann. Gott hört Gebet immer.« Sebastian (19)

»Weil ich schon viele Gebetserhörungen erlebt habe und somit weiß, dass Gott lebt.« Ilona (48)

»Beten ist das Reden des Herzens mit Gott - und Gott ist mein Vater.« Mathilde (70)

»Weil Gott Gebet hört. Die Bibel sagt dies und ich hab's auch oft erlebt. Wenn ich Gott um Führung bitte, gibt mir das Sicherheit und so fühle ich mich geborgen und gleichzeitig frei.« Mona (27)

»Durch die Bibel, Gottes Wort, redet *Gott* zu *mir*, und durch tägliches Beten rede *ich* mit *Gott*. Dadurch kann ich ihm alles sagen, was mich freut, mein Leid oder meinen Ärger. Mit allem kann ich zu ihm kommen und kann ihm Fragen stellen, die er mir durch sein Wort beantwortet. Jennifer« (17)

»Gott will mein Gebet, darum bete ich.« Ernst (75)

»Ich bete für meine Verwandten und Glaubensgeschwister und für die Mission. Ich danke meinem Gott (Jesus Christus), dass er mich gerettet hat und dass er mich bewahrt in meinem Leben.« Ralf (33)

»Weil Gott, der Herr, mein Vater ist, der in unaussprechlicher Liebe seinen Sohn Jesus Christus auch für mich in diese Welt gesandt hat. Jesus Christus ist meine Rettung und meine einzige Hoffnung.« Elfriede (74)

»Mit Gott kann ich jederzeit ganz persönlich über alles reden, was mich beschäftigt. Weil er mir mit bedingungsloser Liebe zuhört, weiß ich mich verstanden und angenommen.« Esther (25)

Carsten Polanz

not lehrt beten

Mein Freund und ich wandern mit Sack und Pack in den kanadischen Rocky Mountains herum. Wir sind seit drei Stunden unterwegs, fernab von jeder Zivilisation. Plötzlich sehe ich gut zehn Meter vor mir auf dem Pfad einen riesigen Grizzly auf uns zukommen. Ich stottere nur: »Da, da ist ein B, Bä, Bä, Bär!«

Er dreht sich zu uns um

Ich mache auf der Stelle kehrt. Mein Freund zögert kurz, starrt dem Tier in die Augen - dann rennt er hinter mir her. Es folgen die gefährlichsten Minuten unseres noch jungen Lebens, die wir nie vergessen werden. Wir wissen, dass der Grizzly unseren Proviant riechen und gut 60 Stundenkilometer schnell laufen kann. Eigentlich haben wir nicht die geringste Chance. Wir beten. Wir schreien zu Gott um Hilfe: »Das kannst du nicht zulassen, bitte hilf uns! Zeig, dass du da bist! Lass uns nicht allein! Lass uns jetzt nicht sterben!« Noch nie im Leben war mein Gebet aufrichtiger als jetzt.

Bitte hilf uns! Nie war mein Gebet aufrichtiger.

Der Bär bleibt hinter uns. Er trödelt gemächlich und hält doch Schritt, während wir eilig gehen. Wir biegen ab ins Unterholz, verstecken uns hinter einem mächtigen Baumstamm und beobachten den Bären auf dem Trail. Da dreht er sich zu uns um, scheint den direkten Weg zu seinem Mittagessen nehmen zu wollen. »Das ist das Ende«, denken wir. Doch dann wendet er sich wider Erwarten ab und geht auf dem Pfad weiter - weg von uns.

Wir schauen uns an und können es kaum fassen. Gott hat uns gehört und geantwortet, aber nur langsam weicht unsere Anspannung der Erleichterung.

Dieses Erlebnis hat mich verändert. Es war Rettung in letzter Minute, in äußerster Gefahr. Kurze Zeit schwebten wir zwischen Leben und Tod. Ich musste an Davids Worte denken: *»Du bist mein Gott, seitdem mein Leben im Mutterleib begann. Seit der Stunde meiner Geburt bin ich auf dich angewiesen. Wende dich jetzt nicht ab von mir! Groß ist meine Angst! Weit und breit gibt es keinen, der mir hilft«* (Psalm 22,11-12).

Not lehrt beten. Denn in der Not erkennen wir die Wirklichkeit, vor der wir oft fliehen. Gott ist unser Schöpfer. Wir sind Geschöpfe, vollkommen abhängig vom Beginn bis zum Ende unseres Lebens, abhängig von seiner Gnade und Treue - und seiner Bewahrung vor Grizzlyattacken. Unsere sündige Natur versucht, diese Abhängigkeit zu ignorieren. *»Menschen, die sich einreden: ›Gott gibt es überhaupt nicht!‹, leben an der Wirklichkeit vorbei«* (Psalm 14,1). Gottesleugner sind sich ihrer Sache aber nur so lange sicher, bis sie einer Gefahr ins Auge sehen müssen. Wir versuchen alles selbst, bevor wir niederknien und beten und damit einsehen, dass wir ohne unseren Schöpfer nicht auskommen. Wenn wir aber Gottes Kinder sind, dann lernen wir, diese Abhängigkeit zu schätzen, und kritische Situationen werden zu wertvollen Erfahrungen mit dem lebendigen Gott.

Not in Wildnis und Alltag

Im Angesicht des Bären waren wir unfähig, uns selbst zu helfen. Darum riefen wir zu Gott. »Nur der Hilflose betet«, so hat es der norwegische Theologe Ole Hallesby ausgedrückt. Heute sehe ich ein, dass ich mich nicht erst in die Wildnis begeben muss, um zu merken, wie ohnmächtig ich manchen Situationen ausgeliefert bin. Ein paar Beispiele: Ich traf mich mit Freunden, wir quatschten über dieses und jenes. Hinterher fühlte ich mich schlecht. Wir hatten wieder einmal über andere gelästert. Ich wollte es nicht und tat es trotzdem. Ich musste feststellen, dass ich durch abfällige Worte über andere meine eigenen Fehler zu verbergen versuchte. Sünde, die immer wieder vorkam. Ich war hilflos.

Die Schulzeit näherte sich dem Ende. Die Noten waren okay, aber glücklich war ich nicht. Ich fragte nach dem Sinn. Die Zukunft schien furchtbar grau. Ich war hilflos.

In Gottesdiensten hörte ich regelmäßig etwas von Gott und dem Glauben. Das klang gut. Aber es blieb irgendwie fern von meinem Alltag. Meine Mitschüler hielten nichts davon. Fragen und Zweifel kamen dadurch auch bei mir auf. Ich war hilflos.

Ich könnte fortfahren. Es gab und gibt viel Hilflosigkeit in meinem Leben. Jesus gibt seinen Jüngern ganz nüchtern zu verstehen: *»Ge-*

trennt von mir könnt ihr nichts ausrichten« (Johannes 15,5b). Auch das ist eine Einladung zum Gebet - eine Aufforderung, Kontakt aufzunehmen und Kontakt zu dem zu halten, der allein Antworten auf deine Hilflosigkeit hat.

Gottes Tür steht offen. Deine auch?

Gottes Gnade ist groß. Er hat mir eine wesentliche Lektion im »Fach Gebet« beigebracht. *»Merkst du nicht, dass ich vor der Tür stehe und anklopfe? Wer mich rufen hört und mir öffnet, zu dem gehe ich hinein«* (Offenbarung 3,20). Jesus richtet diese Worte an laue Christen, an Menschen, die zwar glauben, aber auf höchst theoretischem Niveau, ohne Bezug zum Leben, ohne Auswirkungen. Ihnen fehlt etwas, was auch mir lange fehlte und für das man sich täglich neu entscheiden muss: Ehrlichkeit gegenüber der eigenen Hilflosigkeit. Beten heißt, Jesus die Tür zu unserem Leben zu öffnen. Sünde zu bekennen und zu bereuen, statt sie auf andere zu schieben. Zweifel vor Gott zu bringen und sie nicht vor ihm zu verstecken. Schwächen und Grenzen in sein Licht zu stellen, um Veränderung zu erfahren, eine neue Sicht der Dinge zu gewinnen. Dankbar zu werden für Gottes Segen, den ich in der Eile des Alltags schnell übersehe. Gottes Tür steht offen, das steht fest. Jesus hat sie für dich geöffnet, die Mauer der Sünde ist eingerissen. So wie sich Freunde *gegenseitig* besuchen, macht sich Jesus Christus auch zu *deinem* Lebenshaus auf. Findet er deine Tür offen vor?

> Beten heißt, Jesus die Tuer zu unserem Leben zu oeffnen.

Meine Bekehrung habe ich da erlebt, wo ich aufgehört habe, eifrig die Fassade zu streichen und zu beten, was man halt so betet. Ich habe Jesus in die unaufgeräumten Zimmer meines Lebens gelassen. Manchmal schweige ich einige Minuten im Gebet vor Gott, so unordentlich ist es. Da brauche ich jemanden, der den Überblick hat und aufräumt. Da, wo *ich* hilflos und überfordert bin, hilft *er.* Es kann schmerzhaft sein, wenn unangenehme Dinge ans Licht kommen. Solche schonungslose Ehrlichkeit aber tut Not und ist der Preis einer echten und tiefen Beziehung zu Jesus. Not lehrt beten!

Torsten Stroehmann

power von oben

Tut, tut, tut ... schon wieder besetzt. Ungeduldig haust du den Hörer auf den Apparat. Schon seit einer Stunde versuchst du, den Herrn Jesus in Jerusalem anzurufen, doch ohne Erfolg - dauernd besetzt. Und es geht Tausenden von Menschen so wie dir. Keine Chance mit dem Herrn zu reden; wenn du viel Glück hast, kommst du einmal pro Jahr durch. Aber ansonsten: Sendepause.
Gut, das ist nur eine Fiktion - eine erdachte Geschichte. Aber stell dir mal vor, Jesus wäre als Mensch hier auf der Erde geblieben! Dann wäre Gebet tatsächlich ein »Glücksspiel«.

Gott in dir

Der Herr Jesus sagt in Johannes 16,7, dass es das Beste für seine Jünger ist, wenn er zurück in den Himmel geht. Mit seiner Himmelfahrt begründet er, dass er uns den Heiligen Geist schickt. Das heißt, Gott geht *von* der Erde und kommt zugleich *zur* Erde als Geist. Jetzt ist die Gegenwart Gottes nicht mehr an einen Ort gebunden. Keiner muss sich hinten anstellen. Es ist jetzt nicht mehr nur eine Telefonleitung frei, sondern Gott ist jetzt bei dir, ja in dir - vorausgesetzt, du bist Christ. Dann bist du sozusagen jede Sekunde online mit Gott.

Zieh dir das mal rein! Während du diese Zeilen liest: Gott wohnt in dir. Wenn du heute Abend zu Bett gehst: Gott ist da. Wenn du morgen in der Schule sitzt, dasselbe.

Du bist sozusagen jede Sekunde online mit Gott.

Von dem, was der Geist Gottes in und mit Menschen fertig gebracht hat, bekommst du in der Apostelgeschichte einen Eindruck. »Ja«, sagst du, »die Apostelgeschichte - das ist fast 2.000 Jahre her. Die Zeiten haben sich geändert.« Gegenfrage: Denkst du, Gott hat sich auch verändert? Derselbe Heilige Geist, der damals in den Christen wohnte, wohnt auch in dir. Genau derselbe. Es fragt sich nur: Ist er dein Untermieter oder Hausherr?

Was erfüllt dich?

Schau mal rein in die Apostelgeschichte! Da wird von Menschen geredet, die erfüllt waren mit Heiligem Geist (4,8; 6,3; 7,55; 11,24 u.a.m.). Wenn hier extra erwähnt wird, dass diese Leute mit dem Geist Gottes erfüllt waren, dann muss es auch die Möglichkeit geben, nicht erfüllt zu sein. Das ist der entscheidende Punkt. Hat der Heilige Geist in meinem Leben Freiraum, um das zustande zu bringen, was er gerne möchte?
Tatsache ist, dass wir immer von etwas erfüllt sind. Innen »leer« ist niemand. Wenn uns nicht Gottes Geist ausfüllt, dann etwas anderes. Galater 5,16-17 macht das deutlich: *»Ich will damit nur sagen, der Geist Gottes soll euer Leben bestimmen, dann werdet ihr den eigensüchtigen Begierden widerstehen können. Denn die eigensüchtige Natur widerstrebt dem Geist Gottes und der Geist Gottes ebenso der menschlichen Eigensucht. Beide stehen gegeneinander, damit ihr nicht ungehindert tut, was ihr wollt.«*
Hier siehst du, dass zwischen fleischlichem (oder eigensüchtigem) und geistlichem Leben ein Kampf abgeht. Wer ist der Stärkere? Du und dein Eigenwille oder der Heilige Geist? Stell dir Folgendes vor: Ein Hund ist

an einen Adler gekettet. Wenn du ständig den Hund fütterst, wird er den Adler daran hindern zu fliegen. Fütterst du hingegen den Adler, dann wird er irgendwann abheben und den Hund mit hochreißen. Die Kraft des Hundes wird sozusagen überwunden. So ist es in deinem geistlichen Leben. Wen fütterst du? Wie kannst du im Geist leben und damit deine eigensüchtige Natur besiegen, wie Paulus sagt?

Leben im Heiligen Geist

Im Geist Gottes leben, bedeutet, dass du ihm erlaubst, seine Absichten auszuführen. Dann wirst du in der Gemeinschaft mit ihm bleiben. Du wirst Entscheidungen im Bewusstsein seiner Gegenwart und Heiligkeit fällen. Letztlich geht es darum, sich mit dem Herrn zu befassen, weil das das Ziel des Heiligen Geistes ist: Er will, dass wir uns mit Christus beschäftigen. Hier liegt ein offenes Geheimnis.

Wenn man sich an einem Vorbild orientiert, wird man im Laufe der Zeit immer mehr seinem Vorbild gleichen. Denk an dein Idol im Fußballstadion. Die einzige Chance, so zu werden wie er, ist erstens: Du spielst selbst Fußball. Und zweitens: Du schaust genau zu, wie dein Star es macht.

Also versuch es! Dein Leben schreibt an der Apostelgeschichte weiter. Was wird einmal über dich darin stehen? Ein Mann, eine Frau voll Geistes? Du musst Gott nicht darum bitten, dass du mehr vom *Heiligen Geist* bekommst. Du brauchst nur dafür sorgen, dass der Heilige Geist mehr von *dir* hat.

Power fürs Leben

Was sind Voraussetzungen, dass Gottes Geist dich ausfüllen kann? Es folgen ein paar Tipps, wie du mit mehr Power von oben leben kannst. Du wirst merken, dass Gott deinen Charakter mit der Zeit formt.

Termine mit Gott

Lass dir auf keinen Fall die Zeiten nehmen, in denen du mit deinem Herrn allein bist. Lege einen festen Zeitpunkt und Ort am Tag fest, an dem du in der Bibel liest und betest. Steh nicht eher auf, bevor du eine Begegnung mit dem Allmächtigen hattest, und frage dich beim Lesen der Bibel, was du davon in deinem Leben anwenden kannst.

Über den Glauben reden

Erzähl weiter, was du glaubst! Hab den Mut, Flagge zu zeigen! Das wird dich nebenbei auch vor Sünde schützen, denn damit legst du fest, dass manche Aktionen für dich nicht in Frage kommen.

Einsatz

Setz dich für die Sache Gottes ein! Es gibt jede Menge zu tun. Und vermeide Langeweile wie Bauchschmerzen! Ein Sprichwort sagt: »Müßiggang ist aller Laster Anfang .« Im Glaubensleben ist das genauso. Denn wenn du nicht weißt, was du tun sollst, kommst du schnell auf dumme Gedanken. Den Gedanken folgen Taten, die dich gewaltig auf die Nase fallen lassen können.

Gemeinschaft

Suche die Gemeinschaft mit anderen Christen! Es ist wichtig, einen Freund oder eine Freundin zu haben, mit dem oder der du dich über den Herrn austauschen und gemeinsam beten kannst.

Daniel Siemens

markenzeichen gebet

Wenn ein Mensch zu Gott Kontakt aufnehmen will, muss er beten. Das Gebet ist die intimste Gemeinschaft, die wir mit Gott haben können. Aber warum musste Jesus beten? Er war doch Gottes Sohn, ja sogar Gott selbst! Durch ihn und für ihn ist die Welt geschaffen worden (Kolosser 1,16). Er sprach zu dem Sturm und der legte sich. Er befahl den Dämonen und sie gehorchten. Er rief die Toten aus dem Grab und sie kamen heraus. Durch diese Wunder hat er bewiesen, dass er selbst Gott war. Hatte er es nötig zu beten?
Tatsache ist, dass das Gebet geradezu sein Markenzeichen war. Das ist Grund genug, sein Gebetsleben einmal genauer unter die Lupe zu nehmen.

Der betende Gottessohn

Jesus betete oft. Mehr als zwanzig Mal berichten die Evangelien darüber. Er betete allein auf dem Berg, früh am Morgen an einem einsamen Ort, bei seiner Taufe, allein in der Wüste, die ganze Nacht hindurch, in der Gegenwart der Jünger. Das Gebet war also ein wesentlicher Bestandteil seines Lebens.
Seine Jünger erkannten sehr bald, dass im Gebet ihres Meisters ein großer Teil seiner Kraft und Effektivität verborgen lag. Deshalb baten sie nicht: »Lehre uns predigen oder heilen«, sondern: *»Lehre uns beten«* (Lukas 11,1). Jesus tat das gerne. Auch wenn das Gebetsleben Jesu ein großes Geheimnis bleibt, können wir daraus wichtige Schlussfolgerungen für uns ziehen.

Überlebensfrage

Das Gebet ist ein äußerst entscheidender Faktor im Leben eines Christen. Wenn du an Jesus glaubst und für ihn leben willst, kommst du nicht ohne Gebet aus. Wenn du auf die Zeit in der Stille vor Gott verzichtest, wirst du als Christ auf Dauer nicht überleben. Wenn Jesus ohne Gebet nicht auskam, werden wir es erst recht nicht können. Wenn er darauf nicht verzichten konnte, sollten wir nicht dem Irrtum verfallen, es ginge auch ohne. Wenn der sündlose Sohn Gottes das Gebet brauchte, wie viel dringender brauchen wir fehlerhafte und sündige Menschen es dann!

Die Verbindung wird gehalten

Jesus ist Gottes Sohn. Als Mensch war er sündlos und vollkommen, und er war sich dessen auch bewusst. Seine Wünsche gefielen Gott - ohne Frage. Warum betete Jesus dann so oft und so lange, manchmal Nächte hindurch (Lukas 6,12)? Es gibt nur eine plausible Erklärung dafür: Er liebte seinen Vater über alles und wollte auf das Gespräch mit ihm unter keinen Umständen verzichten. Manchmal ging er ganz früh, wenn alle noch schliefen, allein an einen einsamen Ort in die Wüste oder auf einen Berg, um seinem Vater im Gebet zu begegnen.

Liebe findet Wege trotz Zeitmangel und Stress.

Bei Jesus entdecken wir also das eigentliche Geheimnis des Gebets: persönliche Gemeinschaft mit Gott. Darauf kommt es an. Das ist der richtige Beweggrund für das Beten. Wenn du die intime Verbindung zu Gott erleben willst, bete! Um Beziehungen zu pflegen, sind regelmäßige Begegnungen und Gespräche unverzichtbar. Liebe findet Wege dafür trotz Zeitmangel und Stress. Liebe zu Gott äußert sich vor allem in einem intensiven Gebetsleben.

Die Welt bewegen

Jesus war von der Wirkung des Gebets überzeugt. Er wusste, dass Gott handelt, wenn ein Mensch sich an ihn wendet. Gott führt seinen Plan mit dieser Welt auf geheimnisvolle Weise aus. Wir sind zu begrenzt, um die Zusammenhänge zu verstehen. Doch eines können wir aus dem Gebetsleben Jesu ableiten: Gott berücksichtigt die Gebete seiner Kinder und handelt ganz konkret, wenn wir beten.
Jesus betete, und Gott ließ Lazarus aus dem Grab hervorkommen (Johannes 11,41-44). *»Bittet, und ihr werdet bekommen«* (Matthäus 7,7), sagte er seinen Jüngern. Und während diese sein Gebetsleben beobachteten, verstanden sie, was er meinte. Jesus wusste um die Wirksamkeit von Gebeten auch im Hinblick auf die Zeit nach seinem Abschied von der Erde. Er betete für den selbstsicheren Petrus: *»Doch ich habe für dich gebetet, dass du deinen Glauben nicht verlierst«* (Lukas 22,32). Und er wurde erhört. Er betet ferner für die Christen durch die Zeiten, dass sie *»alle eins sind, und zwar so, wie du, Vater, in mir bist und ich in dir, so sollen sie in uns eins sein. Dann wird die Welt glauben, dass du mich gesandt hast«* (Johannes 17,21). Bis heute erleben wir, wie Gott dieses Gebet erhört. Gebet ist keine sinnlose Beschäftigung. Wenn wir im Glauben beten, handelt Gott.
Gebet bewegt die Welt. Das lernen wir aus der Gebetspraxis Jesu.

Kein Mechanismus

Natürlich erhört Gott nicht jedes unsrer Gebete so, wie wir es uns wünschen. (Im vierten Teil des Buches werden wir das vertiefen.) Diese Erfahrung musste auch Jesus machen. Er war Mensch. Als solcher lernte er auch schwerste innere Not kennen. Sein Beten war nicht immer von Siegesgewissheit und fröhlichem Lächeln begleitet. Er stieß *»Gebete unter Tränen und mit lautem Schreien«* (Hebräer 5,7) aus. Und trotz des Schreiens erfüllte Gott seinen Wunsch bei mindestens einer Gelegenheit nicht. Im Garten Gethsemane bat Jesus dreimal

in größter Verzweiflung, Gott möge den Leidenskelch, wenn möglich, an ihm vorübergehen lassen. Doch Gott erfüllte diese Bitte nicht. Jesus kennt den Schmerz, der in einem bohrt, wenn Gebete unerhört und Erwartungen unerfüllt bleiben. Er kennt sogar - anders als wir - das Gefühl der Gottverlassenheit. Gebet ist kein Mechanismus, den wir konstruiert haben und der funktionieren muss. Auch das wird am Gebetsleben Jesu deutlich.
Wir bekommen nicht auf Knopfdruck alle unsere Träume erfüllt, wenn wir beten. Gott ist kein »Wunsch-Erfüllungs-Automat«. Gott ist ein weiser Vater. Gebet ist das Gespräch eines Kindes mit seinem Vater, der es liebt und der es besser weiß. Doch ein gläubiger Beter vertraut auf die guten Absichten des allmächtigen Vaters, dem nichts - rein gar nichts - unmöglich ist. So betete und glaubte Jesus.

Otto Willenbrecht

Jesus macht Stille Zeit

Nun mal konkret: Hast du heute schon gebetet? Nicht nur auf die Schnelle ein »Allerweltsgebet«, sondern hast du intensiv Gottes Nähe gesucht? Wie man das macht? Am einfachsten, wir lernen von anderen, und am besten von dem Besten. Und der beste und größte Beter aller Zeiten war Jesus Christus, der Sohn Gottes. Schauen wir uns eine der Aussagen über sein Gebetsleben noch einmal näher an: *»Früh am Morgen, als es noch völlig dunkel war, stand er auf und ging aus dem Haus fort an eine einsame Stelle, um dort zu beten«* (Markus 1,35).
Zwei Grundsätze wollen wir daraus für uns ableiten:

Beten hat seine Zeit

Für Jesus Christus begann der Tag, bevor die Nacht zu Ende war. Und früh im Bett war er auch nicht gewesen, denn bis spät in die Nacht waren Kranke zu ihm gekommen, um geheilt zu werden. Für den nächsten Morgen war dasselbe zu erwarten. Dennoch hat der Herr Jesus nicht gedacht: »Für eine Stille Zeit reicht es leider nicht mehr.« Statt dessen stand er eben früher auf, damit er ja nicht seine Gebetszeit verpasste.

> Lieber auf eine halbe Stunde Schlaf verzichten statt auf Gebet!

Sehr oft meinen wir, zu wenig Zeit zu haben. Was fällt dann bei *dir* aus? Auf keinen Fall die Gebetszeit! Dann lieber auf eine halbe Stunde Schlaf verzichten. Jesus Christus hat auch nicht gemeint, irgendwann im Laufe des Tages werde sich wohl eine Gelegenheit zum ungestörten Beten ergeben. Für ihn gehörte das Gebet an den Anfang des Tages.

Beten hat seinen Platz

In der überfüllten Fischerhütte von Petrus herrschte keine feierliche Stille zum Beten. Deshalb ging der Herr an eine einsame Stelle, um dort ungestört zu sein.
Neben dem gemeinsamen Gebet mit anderen und neben den situationsbedingten Stoßgebeten brauchen auch wir täglich die persönliche, ungestörte Gemeinschaft mit Gott - auch bei Klassenfahrten, auf auswärtigen Lehrgängen oder wenn Besuch im Haus ist. Mögliche Störungen und Ablenkungen müssen wir dabei, soweit es geht, ausschalten. Verzichte auch einmal auf Walkman-Stöpsel in den Ohren, die Zigarette im Mundwinkel oder den Kaugummi zwischen den Zähnen!
Intensives Gebet ist keine lästige Pflichtübung, sondern ein einzigartiges Privileg. Aus der innigen Gemeinschaft mit Gott, dem Höchsten

des Universums, erwächst dir für deinen Tag die Kraft, die du so dringend brauchst, damit dein Leben nicht auf einem »Allerwelts-Niveau« bleibt, sondern immer mehr zur Ehre Gottes beitragen kann.

Markus Wäsch

im verborgenen

Jesus betete selbst - das haben wir gesehen. Seine Jünger wollten nun genau das von ihm lernen. Und so brachte er ihnen in der Bergpredigt die wichtigsten »Gebetsregeln« bei (Matthäus 6,5-15; Lukas 11,1-13). Auf das Vaterunser gehen wir später noch ein.

Der geeignetste »Raum«

Jesus bestimmt zunächst einmal den Raum, wo gebetet werden soll: *»Wenn du betest, geh in dein Zimmer, schließ die Tür und bete zu deinem Vater, der im Verborgenen ist. Dann wird dein Vater, der ins Verborgene sieht, dich belohnen«* (Matthäus 6,6). Gemeint ist hier eine Vorratskammer, ein versteckter Raum, wo die Vorräte vor Dieben sicher sind. Die Vorratskammer war der einzige Raum im israelitischen Bauernhaus, den man abschließen konnte.
Warum findet man Gott vor allem in einem »Versteck«, im Verborgenen oder in der Abgeschiedenheit (Jesus suchte die Einsamkeit auch im Freien auf)? Nun, sich dem Vater im Himmel zuzuwenden, heißt auch, sich einmal von allem anderen abzuwenden - von einer Welt voller Versuchungen und Störungen. Die württembergischen Pietisten gebrauchten dafür das schöne Bild vom »U« - oben offen, unten zu. Das leuchtet ein, oder?

Alles was stört, stört nur

Dein geistliches Leben findet zuerst im Verborgenen statt. Jeder Baum und jedes Kraut hat seine Nahrungsquelle unter der Erde, das heißt nicht sichtbar. Die wirklich vertraute Gemeinschaft mit Gott erlebt man nicht bei einer Tagung, auf einem Jugendtag oder einer Konferenz, die erlebt man in der Stille.

> Wirklich vertraute Gemeinschaft mit Gott erlebt man nicht bei einer Tagung oder auf einem Jugendtag.

teil 2: es muss erbeten sein

Der Text der zweiten Hauptüberschrift stammt aus dem alten Song »Befiehl du deine Wege ...« von Paul Gerhardt (1607-1675). »Mit Sorgen und mit Grämen«, heißt es in der zweiten Strophe, »und mit selbst eigner Pein lässt Gott sich gar nicht nehmen, *es muss erbeten sein.*«

Sorgen an sich bringen dich nicht weiter, wenn du Probleme hast. Du bist innerlich voller Unruhe und gedanklich immer auf der Suche nach einer Lösung. Und diese Unruhe wiederum ist eine denkbar schlechte Voraussetzung fürs Gebet. »Sorgen sind so effektiv, wie das Kauen von Kaugummi bei der Lösung einer algebraischen Gleichung«, so hat es der Filmemacher und Musikproduzent Baz Luhrmann einmal treffend ausgedrückt.

»Und werft in Demut alle eure Sorgen auf ihn, denn er sorgt sich um alles, was euch betrifft«, heißt es in der Bibel (1. Petrus 5,7). Das wird dir, wenn du Christ bist, bewusst sein. Natürlich betest du, wenn du in Schwierigkeiten steckst. Ich fürchte nur, dass viele so beten, wie kleine Kinder Ball spielen. Sie stehen vorm Haus, werfen den Ball gegen die Wand und fangen ihn wieder auf, werfen ihn gegen die Wand und fangen ihn auf ...

Betest du in der Art? Du weißt, dass du deine Sorgen auf Jesus werfen darfst, aber du fängst sie nach dem »Amen« immer wieder auf. Du stöhnst nach dem Gebet genauso wie vorher, weil du die Sorgen nicht da gelassen hast, wo du sie hinwerfen solltest.

Wir werden uns gleich eingehend mit einem Mann befassen, der extrem große Sorgen hatte. Sein Weg ging steil bergauf und war anstrengend. Bis er zu Jesus kam ...

Ich appelliere nicht, gleichgültig zu werden. Es ist normal und auch richtig, sich um Dinge, die nicht in Ordnung sind, Sorgen zu machen. Sorgen kann man nicht einfach verdrängen. Sie sollen uns aber vor allem veranlassen zu beten! Dann machen sie Sinn. Bei einer Teenagerfreizeit haben wir in einem Workshop eine Dampfmaschine gebaut. Da wird in einem Kessel Wasser erhitzt. Ich habe die Jungs noch vor Augen, die so lange in das Feuer unter dem Kessel gepustet haben, bis ihnen ganz schwindlig wurde. Durch den Überdruck, der durch die Hitze im Kessel entsteht, wird über Kolben und Zylinder eine Kurbelwelle und schließlich ein Schwungrad angetrieben. So entsteht auch in deinem und in meinem Leben manchmal gewaltiger Druck. Der Druck im Kessel ist allerdings nutzlos, wenn er nicht übertragen wird. Sorgen an sich sind nutzlos. »Ist's doch *umsonst*, dass ich mich sorgend müh'«, heißt es in einem anderen alten Lied von Hedwig von Reedern. Aber wenn ich die Sorgen übertrage, indem ich bete, dann kann etwas in Bewegung kommen. Der »Arm Gottes« nämlich, denn Gott erhört Gebet.

In diesem Abschnitt hier geht es also um die häufigste Form des Gebets: die Fürbitte. In einigen eingestreuten persönlichen Berichten wird deutlich, dass Gott auf erstaunliche Weise bei Leuten eingreift, die beten und glauben. Und am Ende merken wir, dass Gebet nicht nur heißt: »Herr, tu was *ich* will!«, sondern vor allem: »Herr, zeig mir, wie ich tun kann, was *du* willst!«

Die Bibel

ihr könnt bitten, um was ihr wollt

»Wenn du keinen Ausweg mehr siehst, dann rufe mich zu Hilfe! Ich will dich retten und du sollst mich preisen« (Psalm 50,15).

»›Hab keine Angst!‹, ermutigte er mich. ›Du wolltest gern erkennen, was Gott tun will und hast dich vor ihm gedemütigt. Schon an dem Tag, als du anfingst zu beten, hat er dich erhört‹« (Daniel 10,12).

»Bittet, und ihr werdet bekommen, was ihr braucht; sucht, und ihr werdet finden, klopft an, und es wird euch geöffnet! Denn wer bittet, empfängt; wer sucht, findet; und wer anklopft, dem wird geöffnet« (Matthäus 7,7-8).

»Wenn ihr in mir bleibt und wenn meine Worte in euch bleiben, dann könnt ihr bitten, um was ihr wollt: Ihr werdet es bekommen« (Johannes 15,7).

»Macht euch keine Sorgen, sondern bringt eure Anliegen im Gebet mit Bitte und Danksagung vor Gott! Und sein Friede, der alles menschliche Denken weit übersteigt, wird eure Herzen und Gedanken im Glauben an Jesus Christus bewahren« (Philipper 4,6-7).

»Wenn jemand von euch die Einsicht fehlt, um richtige Entscheidungen treffen zu können, dann soll er Gott um diese Weisheit bitten. Er wird sie ihm ohne weiteres geben und ihm deshalb keine Vorwürfe machen, denn er gibt allen gern. Wenn er aber bittet, soll er das mit Zuversicht

tun, ohne zu zweifeln. Ein Zweifler ist nämlich wie eine vom Wind gepeitschte hin- und herwogende Meereswelle. Ein solcher Mensch kann nicht erwarten, etwas vom Herrn zu empfangen« (Jakobus 1,5-7).

»Deshalb können wir auch voller Zuversicht sein, dass Gott uns hört, wenn wir ihn um etwas bitten, das seinem Willen entspricht« (1. Johannes 5,14).

Praktisch erlebt: Susanne Eisert

unser kleines >system<

Ich stehe früh genug auf, damit ich genug Zeit zum Bibellesen und Beten habe. Zusammen mit meinem Mann habe ich mir ein einfaches »System« für unsere Gebetsanliegen überlegt: Am Montag beten wir für Mutter, Onkels, Nichten, Tanten ... und die anderen Verwandten. Dienstag ist der Dienst in der Gemeinde dran. Am Mittwoch beten wir für Mission. Donnerstag für den Donnerberg (da wohnen wir) und nichtchristliche Bekannte. Freitag für Freunde. Am Samstag für Sanne und Andi (also uns persönlich). Der Sonntag bleibt frei. Unser neues kleines System ist jetzt ein paar Wochen alt - und mir hilft es.

Markus Wäsch

wer betet, muss glauben ...

Einige Christen sagten dem Eigentümer einer Bar: »Wir beten dafür, dass Ihr Lokal von einem Blitz getroffen wird!« Nicht die feine englische Art ... Wenige Wochen später kam aber tatsächlich über der Gegend ein Gewitter auf. Die Bar wurde vom Blitz getroffen und brannte nieder. Der Barbesitzer strengte ein Verfahren gegen die Kirche an und argumentierte, dass die Gemeindemitglieder für seinen Schaden verantwortlich seien. Die Christen dagegen engagierten einen Anwalt, der die Meinung vertrat, dass man sie nicht für das Geschehen zur Verantwortung ziehen könne. Der Richter schrieb schließlich, dass der Fall etwas verwirrend sei, er aber von einem überzeugt wäre: Der Barbesitzer glaubte an das Gebet, die Christen dagegen nicht.
Hast du je eine so deutliche Antwort auf ein Gebet erhalten, dass es ein Wunder sein muss? Wir bekommen oft Antworten auf unsere Gebete, aber wir sind versucht, sie anders zu erklären. Wir schreiben vieles dem Zufall oder dem »Glück« zu.

Eine Menge Elend

Die meisten Wunder, die Jesus vollbrachte, geschahen in Kapernaum, am Nordufer des Galiläischen Meeres. Eine dieser Begebenheiten wird in Johannes 4,46-54 geschildert. Der Sohn eines königlichen Beamten (eine Art Minister am Hof des Herodes Antipas) lag mit hohem Fieber im Bett. Er hatte keine Bronchitis, wo man sagen könnte: »Zwei Aspirin, drei Multivit, schon ist der Kranke wieder fit.« Nein, er war sterbenskrank (Vers 47). Vielleicht hatte er Malaria. Das jedenfalls war in dem feuchten Klima am See Genezareth keine Seltenheit. Der Vater war verzweifelt. Die Sorge war ihm ins Gesicht geschrieben. Wenn ein Kind am Sterbebett eines Elternteils sitzen muss, ist das irgendwann »normal«. Meine Mutter musste vor Jahren am Sterbebett *ihrer* Mutter sitzen. Meine Oma war über 80. Wir sagen: »Das ist der Lauf der Dinge.« - Aber wenn ein Vater am Sterbebett eines seiner Kinder sitzen muss, das ist hart.

Gibt es Dinge, die bei dir »im Sterben liegen«? Dein Selbstwertgefühl vielleicht? Oder die Ehe deiner Eltern? Früher war das Familienleben harmonisch. Aber das ist lange her. Liegt dein Vertrauen zu Gott im Sterben? Wusstest du, dass sich in Deutschland jedes Jahr 15.000 Menschen das Leben nehmen, weil sie keine Hoffnung mehr haben?

Jesus ist erreichbar

Wochenlang hatte sich Jesus in Judäa - dem südlichen Teil Israels - aufgehalten. Weit weg also. Aber jetzt war er wieder nach Galiläa gekommen. Der Beamte hörte davon per Mundfunk: »Er ist zurück in Kana.« Er war wieder erreichbar. Das ist die gute Nachricht, die heute noch gilt: Jesus ist erreichbar. Spätestens seit Weihnachten können wir sagen, dass Gott in Jesus für uns erreichbar geworden ist. Er kam zu uns.

Nun liegt diese Stadt Kapernaum - zur Erinnerung: Das war der Wohnort jenes königlichen Beamten - 212 Meter unter dem Meeresspiegel und etwa 30 Kilometer von Kana entfernt. Das heißt, es ging bergauf, und falls der Vater des kranken Jungen zu Fuß ging, musste er sich erst einmal ganz schön anstrengen, um zu Jesus zu kommen (nicht schlecht - für einen Beamten ...). 30 Kilometer zu Fuß sind anstrengend. Aber 30 Kilometer zu Fuß sind auch möglich!

Man kann sagen, dass beides *grundsätzlich* bei Begegnungen mit Jesus gilt. Zu ihm zu kommen, ist anstrengend, aber möglich. Das Anstrengende ist, einsehen zu müssen, dass ich mir manchmal selbst nicht helfen kann. Wem kommt so ein Eingeständnis schon leicht über die Lippen? Wer ist gerne Bittsteller? Eine Bitte bedeutet Überwindung, besonders für einen autonomen, einflussreichen Menschen, wie unser Beamter es war. Schließlich birgt eine Bitte die Gefahr in sich, dass man eine negative Antwort bekommt.

> Eine Bitte birgt die Gefahr in sich, dass man eine negative Antwort bekommt.

Übrigens: Es kommt tatsächlich vor, dass Gott ein Bittgebet mit »Nein« beantworten muss. Manche sagen dann: »Gott hat mein Gebet nicht erhört.« In dem Sinne: »Er hat mir keine Antwort gegeben.« Aber heißt »Nein« wirklich, dass man keine Antwort bekommen hat? »Nein« ist sogar eine klare Antwort. Wenn meine Bitte nicht den Plänen des Herrn entspricht, ist es auch für mich das Beste, mich mit einem »Nein« zufrieden zu geben.
Noch einmal: Es mag anstrengend sein, zu Jesus zu kommen, aber es ist möglich. Und zwar für jeden Menschen - ausnahmslos.

Zeichen und Wunder

Als der Mann schließlich vor Jesus stand und um die Heilung seines Jungen bat, sagte der Herr: *»Wenn ihr keine außergewöhnlichen Zeichen und Wunder seht, glaubt ihr nicht«* (Vers 48).Vielleicht hatte der Beamte aufgrund der Antwort Jesu den Eindruck: »Der hört mir gar nicht zu!« Aber bedenke: Es ist noch nie vorgekommen, dass Jesus auf eine Bitte gesagt hätte: »Du liebe Zeit! Gut, dass du Bescheid sagst. Jetzt aber schnell ...« Im Zusammenhang mit seinem ersten Wunder in Kana gab Jesus zu bedenken: *»Meine Zeit ist noch nicht gekommen«* (Kapitel 2,4). Das heißt, er hat (seine) Zeit. Gott weiß am allerbesten, wann es richtig ist einzugreifen.
In Hebräer 4,16 steht: *»Darum wollen wir mit Zuversicht vor den Thron unseres überaus gnädigen Gottes treten* (eine Ermutigung zu beten),

damit wir Gnade und Erbarmen finden und seine Hilfe zur rechten Zeit *empfangen.«*

Jesus wies erst einmal auf die Bedeutung von Zeichen und Wundern hin: *»Ihr werdet ohne sie nicht glauben«*, sagte er. Das ist eine Feststellung - kein Vorwurf!

Zeichen und Wunder werden in der Bibel häufig in diesem Doppelpack genannt. Das zeigt zwei unterschiedliche Aspekte dieser Machttaten Gottes. Erstens: Sie wollen auf etwas hinweisen, zeigen (Zeichen). Zweitens: Sie wollen uns ins Staunen versetzen über von Menschen nicht machbare Handlungen (so definiert man Wunder).

In diesem Zusammenhang möchte ich ein zweifaches Glaubensbekenntnis ablegen:

Erstens: Ich glaube, dass jedes Zeichen der Bibel uns auch etwas zu zeigen hat (das glauben bibelkritische Theologen auch). Man kann daraus lernen. Deshalb beschäftigen wir uns hier ja auch mit dieser Geschichte.

Zweitens: Ich glaube, dass Wunder wirklich so geschehen sind, wie sie aufgeschrieben wurden (das glauben liberale Theologen in der Regel nicht).

> Wenn Gott nicht in der Lage ist, Wunder zu vollbringen, dann kannst du auch, wenn du Hilfe brauchst, zu deiner Mutter gehen.

Wenn Gott aber nicht in der Lage ist, Wunder zu tun, darf er sich dann überhaupt noch Gott nennen? Wenn die Wundergeschichten nichts weiter als Legenden sind, Gott also keine Wunder vollbringen kann, dann brauchst du nicht weiter über Gebet nachzudenken. Dann kannst du, wenn du Hilfe brauchst, auch zu deiner Mutter gehen. Aber Gott ist immer noch Gott. Er ist heute nicht zu alt, dass er übernatürlich eingreifen könnte. Vergiss das nie!

Was heißt Glauben?

Auch wenn Gott uns viel zu *zeigen* hat (nicht zuletzt durch die Zeichen der Schöpfung; vgl. Hiob 9,10) und uns *ins Staunen versetzen* will, sind alle Wunder Hinweise *auf*, aber nicht Beweise *für* Gott. Der König Herodes Antipas freute sich in Jerusalem über die Gelegenheit, Jesus zu sehen (Lukas 23,8). Er hatte viel von seinen Fähigkeiten gehört. Nun wollte er selbst ein Wunder miterleben. Gerne hätte er einen »Zeichenkurs« bei Jesus belegt. Ich stelle mir vor, dass er mit glänzenden Augen und einer Chipstüte in der Hand auf seinem Thron saß. Er dachte, er hätte David Copperfield vor sich. Doch so lässt Gott sich nicht beweisen. Jesus möchte, dass wir aufgrund seines Wortes glauben und nicht aufgrund von Zeichen.

> Jesus moechte, dass wir aufgrund seines Wortes glauben und nicht aufgrund von Zeichen.

Manche sagen: Glauben heißt nicht wissen. Ich behaupte das Gegenteil: Glauben heißt wissen. Du hast richtig gelesen! Lass mich ein Beispiel gebrauchen: Ich frage »den Neuen« auf dem Schulhof nach seinem Namen. Er sagt mir, dass er Klaus heißt. Später fragt mich jemand: »Weißt du, wie der Neue heißt?« Ich sage: »Ja, ich *weiß*! Er heißt Klaus.« Um das herauszubekommen habe ich kein »Zeichen« von Klaus gefordert. Ich hätte auch von ihm verlangen können: »Zeig mir mal deinen Ausweis!« Aber das wäre eine merkwürdige Art, jemanden kennen zu lernen, nicht wahr? Ich habe seinem Wort vertraut (warum auch nicht?). Der Glaube an sein(e Ant)Wort macht mich sicher. Nochmal: Jesus will, dass wir aufgrund *seines Wortes* glauben. Verstehst du? *Miss*trauen (Zeichen fordern) ist nicht glauben. Gott möchte, dass wir auf der Basis von *Ver*trauen mit ihm umgehen.

Die Bibel erklärt uns eine Menge Dinge, die wir als Menschen mit unserem eingeschränkten Horizont nicht wissen können. Zum Beispiel Einsichten über das Jenseits oder das Wesen Gottes. Die großen Zu-

sammenhänge des Lebens kenne ich als Mensch nicht. Aber wenn Gott mir diese Dinge mitteilt, dann weiß ich, was ich vorher nicht geahnt habe, weil ich seinem Wort vertraue. Glauben heißt also wissen.
Jesus muss sich über den Glauben der Samariter gefreut haben (Johannes 4,39-42). Sie sagten: *»Nun glauben wir, weil wir ihn selbst* gehört *haben ... Jetzt* wissen *wir, dass er wirklich der Retter der Welt ist ...«* In Kapitel 5,24 sagt Jesus: *»Amen, ich versichere euch: Wer auf meine Botschaft* hört (nicht wer meine Zeichen sieht) *und dem glaubt, der mich gesandt hat, der hat das ewige Leben.«* Und auch Thomas macht er darauf aufmerksam: *»Glücklich zu nennen sind die, die nicht sehen und trotzdem glauben«* (Kapitel 20,29).

Wie die Geschichte ausging

Jesus kam nicht mit nach Kapernaum, wie sich der Beamte das vorgestellt hatte, sondern sagte ihm ein Wort Gottes: *»Dein Sohn lebt.«* Tatsächlich war das ein alttestamentliches Wort Gottes (s. 1. Könige 17,23). *»Der Mann glaubte an das, was Jesus zu ihm gesagt hatte, und machte sich wieder auf den Weg«* (Vers 50). Wenn es so war, dass er glaubte, dann *wusste* er jetzt, dass sein Sohn gesund geworden war. Auch wenn er zu diesem Zeitpunkt noch keinen Nachweis dafür hatte. Er ging einfach los, zurück nach Hause. Der Weg war nicht mehr so beschwerlich (er ging hinab). Und der Weg war auch in einem weiteren, übertragenen Sinne nicht mehr so beschwerlich: Der Mann war die Sorge los, denn er glaubte ja.
Und schließlich wird das »Happy End« berichtet: *»Unterwegs kamen ihm einige seiner Sklaven entgegen und verkündeten: ›Dein Junge lebt und ist gesund!‹«* (Vers 51).
Gott hört ein aufrichtiges Gebet immer. Mal sagt er »Nein«, mal »Ja« und manchmal sagt er: »Warte noch einen Moment.« Was er von uns erwartet, ist nichts anderes als unser Glaube. Daher: »Geh hinauf«, auch wenn es dir anstrengend erscheint! Glaube Jesus! Und du wirst schon sehen. Du wirst Wunder sehen.

Persönlich erlebt: Sebastian Berthel

für gott (k)eine kleinigkeit

Für mich ist Gebet ein Gespräch mit Gott, bei dem ich ihm alles sagen kann, was mich beschäftigt. Zumindest theoretisch war und ist mir das klar. Trotzdem hatte ich früher immer ein Problem damit, mit »Kleinigkeiten« zu Gott zu kommen. Ich wollte ihn weder herausfordern noch mit unwichtigem »Kinderkram« belästigen.

Bei der Jahreswechselfreizeit 2004/05 erhörte Gott aber genau so ein Gebet. Ich hatte bei einem Nacht-Geländespiel im Wald meine neue Brille verloren. In der Hektik bemerkte ich das zuerst gar nicht. Am nächsten Tag sind wir zu fünft losgezogen, um die Brille zu suchen. Das war in dem Schneematsch nicht einfach. Außerdem hatten wir keinen Plan, *wo* wir genau suchen mussten. Jedenfalls fanden wir sie nicht.

Am nächsten Tag kam Markus, der die Freizeit leitete, zu mir und sagte, er wolle noch einmal mit mir zu der Stelle gehen. Auf dem Weg erzählte er mir, dass er Gott schon am Vortag gedankt habe, dass wir die Brille finden würden. Er gab sich nicht damit zufrieden, dass unsere Aktion erfolglos geblieben war. Zwar hatte ich auch gebetet, aber »nur am Rande«, weil es mir mal wieder irgendwie peinlich war, mit so etwas zu Gott zu kommen. Als wir unsere Vorgehensweise besprechen wollten - an einer Stelle, wo ich nie gesucht hätte -, sah Markus plötzlich direkt vor seinen Füßen die Brille liegen. Unfassbar!

Aus diesem Erlebnis habe ich gelernt, dass es uns nicht unangenehm sein muss, wenn wir mit belanglosen »Kleinigkeiten« zu Gott kommen. Das zu beurteilen, sollten wir ihm überlassen.

erlebt

Persönlich erlebt: Heike G.

kein ausweg in sicht

Ein Jahr lang habe ich intensiv für meine Situation am Arbeitsplatz gebetet. Die Lage spitzte sich immer mehr zu. Nicht allein, dass wir aufgrund der vielen Arbeit nur noch unter extremem Zeitdruck arbeiteten und Fehler damit vorprogrammiert waren. Nicht nur, dass die vielen Überstunden mein Privatleben und mein Engagement in der Gemeinde ziemlich einschränkten. Weitaus schlimmer war, dass das Betriebsklima durch Intrigen und Kompetenzgerangel regelrecht vergiftet war. Auch *meine* Handlungsfreiheit wurde aus unerfindlichen Gründen total eingeschränkt. Ich war frustriert und fand keine Freude mehr an meiner Arbeit.

Immer wieder habe ich Gott gebeten, eine Veränderung zu schaffen und mir einen Ausweg zu zeigen. Ich bin selbst aktiv geworden und habe mich anderweitig beworben - ohne Erfolg. So ging es ein ganzes Jahr lang: hoffen auf Gott, Selbstzweifel, Unzufriedenheit und Protest.

Und dann: Eines Morgens teilte mir mein Chef mit, dass er sich von seiner Lebensgefährtin getrennt hatte. Sie war in unserem Büro für die Buchführung zuständig. Das war eigentlich eine Privatangelegenheit, doch die Auswirkungen bekamen wir als Mitarbeiter zu spüren. Es gab keine Intrigen mehr und die Kompetenzen wurden klar geregelt. Ich darf in meinem Bereich wieder frei entscheiden und in Ruhe arbeiten. Nun macht die Arbeit wieder Spaß!

Gott hat eine Lösung geschenkt, die sich kein Mensch hätte vorstellen können.

Persönlich erlebt: Marcus Walter

80 prozent erhört

So einfach nebenbei beten - das hat bei mir auf Dauer zu Gebetsritualen geführt. Und das habe ich nie gewollt. Zuerst musste ich mir also in meiner Tages- oder Wochenplanung Termine einrichten. In der Vorbereitung auf die Gebetszeiten bekam ich immer mehr Freude. Immer mehr Sachen wurden zu meinen Gebetsanliegen. Ich entdeckte immer mehr verschiedene Möglichkeiten, mit Gott zu reden, und Gott erhörte immer mehr von meinen Gebeten.

Ich war drei Jahre in einem Gebetskreis und schrieb pro Abend durchschnittlich 30 Gebetsanliegen auf einen Zettel (viele Anliegen wiederholten sich und manche Zettel verlor ich in der Waschmaschine). Als ich die Zettel schließlich durchforstete, stellte ich fest, dass über 80 Prozent aller Gebete erhört worden waren. Etwa fünf Prozent waren auf andere Weise erhört worden, als wir gebetet hatten. Die restlichen 15 Prozent stehen heute noch aus.

Markus Wäsch

>dein wille geschehe<

Ist es nicht seltsam, dass es Gebete in der *Bibel* gibt? Die Heilige Schrift ist doch Gottes Wort an *uns*. Gebete aber sind Menschenworte. Wie kommen sie dann in die Bibel?

Gott hat Anliegen

In der Bibel erfährst du zu großen Teilen etwas über Gottes Willen. Er hat genaue Vorstellungen, wie du dein Leben optimal gestalten kannst. Uns Menschen dagegen fehlt schlichtweg der Überblick über die großen Zusammenhänge - was unsere persönliche *Lebens*geschichte und erst recht die gesamte *Welt*geschichte betrifft. So gucken wir zweifelnd, fragend oder abwesend in die »Weltgeschichte«.
Gott aber ist ewig. Das heißt, für ihn gibt es keinen Unterschied zwischen Vergangenheit, Gegenwart und Zukunft. Er kennt - anders als wir Normalsterblichen - alle drei Zeitformen gleichermaßen gut. Was weißt *du* über die Vergangenheit? Nun, du erinnerst dich an manches, was du selbst erlebt hast. Das ist aber im Vergleich zu allem, was je auf diesem Globus geschehen ist, nicht besonders viel. Gut, dann hast du im Geschichtsunterricht noch einiges erfahren, andere haben dir etwas über *ihre* Erlebnisse erzählt und du liest außerdem Zeitung. Ein paar kleine Momentaufnahmen kennst du also von der Vergangenheit. Und die Gegenwart? Darüber weißt du noch viel weniger. Du weißt, dass du gerade in dem Buch »Sprech-Stunde bei Gott« liest, aber sonst? Nicht mal von dem, was zwei Straßen weiter abgeht, hast du die geringste Ahnung. Und von der Zukunft wissen du und ich gar nichts. Einige sagen, das sei auch gut so, und andere macht das so nervös, dass sie die »Sprechstunde« beim Wahrsager besuchen, um sich ihre Handlinien untersuchen zu lassen.
Wir halten fest: Allein Gott hat alles unter Kontrolle, was zu jeder Zeit im gesamten Universum geschieht. Sein Horizont ist grenzenlos. Es gibt nichts, was er nicht weiß und kennt. Vor diesem Hintergrund ist es nicht uninteressant, Gott nach seiner Meinung, seinen Plänen, nach seinem Willen zu fragen, oder?
Eine der Hauptaussagen im Vaterunser (Matthäus 6,9-13) lautet: *»Dein Wille geschehe, wie im Himmel so auch auf Erden.«* Hast du beim Beten je darüber nachgedacht, dass Gott auch Anliegen hat? Gottes Anliegen drücken seinen Willen aus und er hofft, dass er damit bei *uns* Gehör findet.

Das erste Anliegen, das Jesus in Matthäus 6 nennt, ist, dass Gottes Name geheiligt werde. »Gott soll als Gott erkannt, gefürchtet und gepriesen werden« (Martin Luther). Auf das Gotteslob kommen wir im nächsten Teil »Beten ist mehr« noch zu sprechen. Jesus nennt außerdem die Anliegen, dass Gottes Reich kommen und Gottes Wille geschehen soll. Vieles auf der Erde geht drunter und drüber. Wenn jemand den *Himmel* kennt, dann ist es Jesus. Er weiß, wie viel besser es dort ist - dort, wo Gottes Wille geschieht. Darum die Bitte: *»Dein Wille geschehe, wie im Himmel so auch auf Erden.«*

Steine und Sand

Natürlich haben wir selbst unsere Anliegen, wenn wir beten. Aber bedenke bitte: Der ewige Gott hat auch welche. Wenn du kapiert hast, wie groß Gott ist und wie klein du selbst bist, dann wird klar, dass Gottes Anliegen groß und deine dagegen relativ klein sind.

Wenn du kapiert hast, wie groß Gott ist und wie klein du bist, dann wird klar, dass Gottes Anliegen groß und deine relativ klein sind.

Vergleichen wir das Ganze mit einem Eimer (Abb. 1). Den füllen wir bis zum Rand mit Steinen (Abb. 2). Das sind die großen, also Gottes Anliegen - jene Anliegen, die Gott immer noch mit dem größten Segen belohnen wird, wenn alle unsere anderen Bitten unerhört blieben.

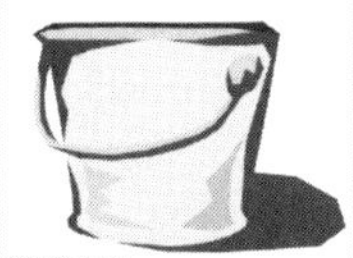
Abbildung 1

Abbildung 2

Nun ist der Eimer voll mit Steinen - und doch ist er nicht voll. Jetzt schütten wir Sand dazu. Der Sand stellt die kleinen Anliegen dar. Deine Anliegen: die nächste Klassenarbeit, die Gesundheit deiner Großmutter, die richtige Entscheidung bei der Partnerwahl.

Abbildung 3

Abbildung 4

Der Sand füllt die letzten Zwischenräume aus (Abb. 3).
Wenn du den Sand *zuerst* in den Eimer füllst, bleibt kaum noch Raum für die Steine (Abb. 4). Ähnlich ist es in deinem Gebetsleben. Wenn du deine ganze Energie für die kleinen Dinge aufwendest, die dich betreffen, bleibt für die großen Dinge, die Gott betreffen, keine mehr. Das Wichtigste würde dann auf der Strecke bleiben. Achte also auf den Willen Gottes!
Vielleicht sagst du: »Ich habe ein Jahr lang dafür gebetet, dass ich Bestätigung im Glauben finde. Ich habe um Kraft und um Freude gebetet. Aber ich fühle mich nach wie vor total mies.« Vielleicht hast du sogar mehr Zweifel als je zuvor. Das kann das Resultat eines zu ichbezogenen Gebets sein. Bete einmal anders: »Vater, geheiligt werde dein Name; dein Reich komme ...« Es liegt viel daran, ob uns daran liegt, dass Gott verherrlicht wird.
Das heißt nicht, dass der Sand überflüssig ist. An zweiter Stelle haben die »privaten« Anliegen im Vaterunser ihren Platz: die Bitte um das tägliche Brot, die Bitte um die Vergebung von Schuld und die Bitte um die Bewahrung vor Versuchung, so wie all deine ganz persönlichen Bitten.

Gottes Wille geschehe

Unsere Gebete sollen Gottes Anliegen enthalten. Darum gibt es Gebete in der Bibel. In seinem Buch »Die Psalmen, das Gebetsbuch der Bibel« schrieb Dietrich Bonhoeffer: »Zum Wort Gottes gehört nicht nur das Wort, das er uns zu sagen hat, sondern auch das Wort, das er von uns hören will, weil es das Wort seines lieben Sohnes ist. Das ist eine große Gnade, dass Gott uns sagt, wie wir mit ihm sprechen und Gemeinschaft haben können. Wir können es, indem wir im Namen Jesu Christi beten.«

Persönlich erlebt: Dieter Bloch

>herr, mach du!<

Es ist gar nicht so einfach, über Gebetserhörungen so zu erzählen, dass ein Außenstehender das Feeling der greifbaren Nähe Gottes nachempfinden kann. Meistens sind es die kleinen Dinge des täglichen Lebens, die irgendeine Wendung erleben.

Was dabei hochinteressant ist: Gott antwortet! Und immer sind seine Antworten weit reichender, als ich zunächst erwartet oder gedacht hatte. »Wie kleingläubig ich doch wieder war ...!«

Die Schwierigkeiten, Krisen oder Anliegen, bei denen ich Gott um Hilfe bitte, sind meistens solche, wo andere Dinge, die ich nicht beeinflussen kann, mein Denken und Tun mehr oder weniger stark bestimmen. Dann ist mein spontan verwendetes Standardgebet: »Herr, mach du!« Sei es nun, dass sich der saftige Ehekrach innerhalb einer halben Stunde in ein lächelndes Staunen verwandelt, oder dass sich zwei mit mir rumstänkernde Kollegen wie bei Tom und Jerry plötzlich selbst in den Haaren liegen und ich nur noch überrascht dabeistehe. Wie gesagt, »Herr, mach du!« ist schnell gedacht oder leise ausgesprochen und funktioniert. Natürlich nur, wenn ich Gott auch wirklich handeln lasse.

Ein anderes Gebetsanliegen dauerte hingegen fast zwei Jahre, bis es dann doch ganz anders ausgefallen ist, als ich ursprünglich gedacht und gebetet hatte.

Was aber alle meine Gebetserfahrungen unabhängig von ihrem Ausgang gemeinsam hatten, ist das Wissen und dieses beruhigende, immer wiederkehrende Gefühl, dass Gott Acht hat auf seine Leute, auf Menschen, die ihm vertrauen.

Im Psalm 121,3 steht: *»Der Herr wird nicht zulassen, dass du fällst; er, dein Beschützer schläft nicht.«* Wir haben eben einen wunderbaren Gott, der uns niemals im Stich lässt!

teil 3: beten ist mehr

Stell dir vor, ich bin bei dir und deinen Eltern zu Gast. Ich habe bei euch übernachtet. Das kommt öfter vor, wenn ich zu Jugendevangelisationen oder Ähnlichem unterwegs bin. Jetzt sitzen wir zusammen am Frühstückstisch. Deine Eltern wollen ein Gespräch mit mir beginnen: »Wie gefällt's dir hier in Kirchberg?«, fragen sie. Ich antworte: »Ich will eine Scheibe Toast!« Als die Schnitte auf meinem Teller liegt, sage ich: »Eh, die ist ja schon kalt.« Ihr versucht es noch einmal: »Hast du Familie, Markus?« - »Frühstücksei!«, lautet meine Antwort. »Was machst du sonst so?« Ich sage: »Haltet endlich die Klappe und lasst mich in Ruhe frühstücken!« Glaubst du auch, dass sich deine Sippe schon auf meinen nächsten Besuch freut?

Keine Angst, so geht es (meistens) nicht ab. Aber unsere Gebete, die müssen sich für Gott manchmal so anhören. Heißt Gebet für dich auch vorwiegend Fürbitte? Du verlangst von Gott die abenteuerlichsten Sachen, ohne an einem echten Gespräch mit ihm interessiert zu sein? Ohne, dass es dir um die eigentliche Beziehung zu Gott geht und du einfach Zeit mit ihm verbringen willst? Mir geht es oft genug so - das muss ich zugeben. Der dritte Teil unserer Ausführungen heißt »Beten ist mehr«.

Gott gibt uns eine Menge Anlass, ihn zu loben. Was heißt »loben«? Nun, wenn ich sage: »Ben ist ein ausgezeichneter Fußballspieler«, oder: »Nicole hat eine tolle Stimme«, dann lobe ich meine Freunde für ihre besonderen Fähigkeiten und Eigenschaften. Gott zu loben, heißt

nichts anderes. Das, was dich an ihm begeistert, fasse in Worte! Sprich aus, was er dir bedeutet - ihm selbst gegenüber im Gebet, durchaus aber auch in Gesprächen anderen Menschen gegenüber, indem du Lobenswertes über Gottes Größe, Gerechtigkeit und Liebe ganz natürlich einfließen lässt.
Wenn du ihn loben, preisen und anbeten willst, kannst du das eigentlich nur, wenn du dir die Zeit nimmst und dich in das hineinversetzt, was Gott kann, ist und tut. Der, mit dem du redest, wenn du betest, braucht nur mit dem Finger zu schnipsen und eine Galaxie von Sternen ist entstanden. Lies doch mal jeweils einen Psalm vor deiner Gebetszeit, wie Achim Hubener das auf Seite 58 vorschlägt.
Irmgard Grunwald schreibt über Anbetung und kommt dabei auch auf einen Mann zu sprechen, der gerade von seiner Lähmung geheilt wurde. Er ist so begeistert, dass er mit überschäumendem Lobpreis im Tempel herumspringt. Als Irmgard das schrieb, saß sie bereits im Rollstuhl - Multiple Sklerose! Interessanter Hintergrund, nicht? So jemand schreibt von Lobpreis?
Auch der Beitrag von Jochen Neuhoff bedeutet mir viel. Ich kenne nur wenige Leute, die in ihrem Alltag so viel Dankbarkeit ausstrahlen wie er. Wer Zeit mit Jochen verbringt, sieht das, was er schreibt, bestätigt.
Also: Gebet heißt nicht nur, etwas von Gott zu erwarten. Beten ist mehr. Wenn du dir zuerst einmal bewusst machst, mit wem du während deiner Stillen Zeit redest, wird das deine Gebetsmotivation mit Sicherheit steigern.

Irmgard Grundwald

>papa, ich wollte dir nur eine freude machen!<

Anbetung und Lobpreis - was ist das genau? Und worauf kommt es dabei wirklich an?

Lobpreis ... Anbetung ... So oder so?

Irgendwann im Laufe eines langen Gesprächs kamen wir auf den Glauben zu sprechen. Begeistert entdeckten wir, dass wir beide an den Herrn Jesus Christus glauben. »Gehst du auch in eine Gemeinde?«, erkundigte sich mein Gegenüber. »So richtig mit Lobpreis und Anbetung und so?« - »Ja, ja ...«, stotterte ich. Ich wusste nicht so genau, worauf er hinaus wollte. »Natürlich beten wir zum Herrn ...« Ein zweifelnder Blick meines Gesprächspartners zeigte mir, dass wir wohl nicht mehr ganz auf derselben Wellenlänge waren. Aber wir beten doch auch?! Ist das vielleicht nicht richtig?!

Wie ist es denn »richtig«?

Wenn es um den Lobpreis und die Anbetung Gottes geht, hört man viele unterschiedliche Auffassungen: »Wir fassen uns bei der Anbetung immer alle an den Händen«, »Bei uns streckt sich jeder zu Gott aus; stehend, mit erhobenen Händen und geschlossenen Augen, beten wir laut den Herrn an«, »Ich bete meinen Gott an, indem ich mich vor ihm

hinknie und ihm in Gedanken meinen Lobpreis bringe«, »Bei uns ist es üblich, während der Anbetung meditative Hintergrundmusik zu hören«, »Die richtigen Anbetungslieder bringen mich immer in Stimmung, den Herrn zu preisen.«
Der eine so - der andere so. Jeder, wie er will? - Moment mal, die Frage sollte eigentlich lauten: Wie will denn Gott selbst unsere Anbetung?

Was sagt Gottes Wort dazu?

Immer wieder berichtet die Bibel, dass Menschen den Herrn anbeten. Die Form der Anbetung ist dabei genauso unterschiedlich wie die Menschen, die anbeten, und wie die jeweilige Situation:
- Abraham betet im Stehen (1. Mose 18,22).
- Auch das Knien war immer aktuell, wie man zum Beispiel in Psalm 95,6 sieht.
- Von vielen Betern wird berichtet, dass sie sich »niederwarfen« (z.B. 1. Mose 24,26).
- Ein Mann, der gerade von Gott geheilt wurde, ist so begeistert, dass er bei seinem überschäumenden Lobpreis im Tempel herumspringt (Apostelgeschichte 3,8).
- Und ganz üblich war es in biblischer Zeit, die Hände zum Himmel zu erheben: *»Streckt eure Hände in seinem Heiligtum anbetend empor und preist den Herrn!«* (Psalm 134,2). Diese Sitte ist auch für das Neue Testament überliefert (1. Timotheus 2,8).
- Immer wieder findet man in der Bibel außerdem Berichte über Musik bei der Anbetung, zum Beispiel im Buch Esra (Esra 3,10-11): Die Priester und Leviten spielen die Instrumente. *»Sie priesen Gott und sangen im Wechsel das Lied: ›Wie gut ist Gott zu uns‹ ... Als ... die Loblieder erklangen, brach das ganze Volk in Jubel aus.«* Gesang und Instrumente (vgl. Psalm 150) sind also bei der Anbetung Gottes ganz üblich - auch noch im Neuen Testament (z.B. Hebräer 2,12).

Die Vielfalt der Ausdrucksformen von Anbetung ist also groß, passend zu den unterschiedlichsten Situationen und Persönlichkeiten. Niemand muss sich in ein Schema pressen lassen. Aber wenn rein äußerlich so viele Möglichkeiten bestehen, Gott zu loben, worauf kommt es denn *dann* an?

Was ist eigentlich das Entscheidende?

»Der Heilige Geist wird euch alles Weitere lehren ...« (Johannes 14,26), verspricht unser Herr Jesus Christus allen, die ihm nachfolgen. Wie war das noch gleich: Der Heilige Geist wohnt in jedem wiedergeborenen Christen. Vor allem beim Gebet redet er immer ein Wörtchen mit, denn das würden wir allein gar nicht auf die Reihe kriegen, uns dem allmächtigen, ewigen, großen Gott angemessen zu nähern (Römer 8,26). Das ist also schon mal ein ganz entscheidender Punkt: Der Heilige Geist bringt uns zur Anbetung.

Und was ist das jetzt so ganz konkret: Anbetung? Anbetung oder Lobpreis ist die Liebeserklärung eines Gotteskindes (also eines wiedergeborenen Christen) an seinen himmlischen Vater.

> Anbetung ist die Liebes-erklaerung eines Gotteskindes an seinen himmlischen Vater.

Im Gebet kann ich Gott bekanntlich alles sagen: Ich kann ihm *danken* für alles, was er für mich getan hat und immer noch tut. Ich darf ihn um alles mögliche *bitten*, und ich kann *für andere bitten*. Wenn man sich das mal genauer überlegt, stellt man fest, dass sich alle diese Gebete mehr oder weniger um mich und meine Anliegen drehen. Das ist auch in Ordnung so. Ich darf das. Aber in der *Anbetung* geht es nur um ihn, meinen himmlischen Vater. Ich bete ihn an, nicht weil er etwas für mich tut, sondern weil er Gott ist. Er ist so unendlich viel größer, als mein winziges Gehirn es sich jemals vorstellen kann. Das geht in meinen Kopf nicht rein - aber es kann aus meinem Mund heraus kommen: Das ist Anbetung!

Eigentlich sonnenklar, dass Anbetung keine Frage der Form ist ... Für Liebesbriefe gibt es schließlich auch kein Formular zum Ankreuzen!

Alles zu seiner Zeit - Alles zu Gottes Ehre!

Muss denn immer alles ganz staubtrocken sein? Offensichtlich nicht! *Wie jeder einzelne* Christ für sich seinen Herrn und Gott anbetet, das ist die eine Sache. Wenn ich vor lauter Begeisterung über meinen wunderbaren Herrn laut singe, klatsche, tanze - Gott freut sich. Und wenn ich eher ein stiller Typ bin, mich lieber in mein Zimmer zurückziehe, den Kopf in die Hände vergrabe und in Gedanken meinen Gott anbete - er freut sich genauso.
Aber wenn viele Christen zusammen *in der Gemeinde* ihren gemeinsamen Herrn anbeten, dann kann es schon mal schwierig werden. Man stelle sich nur vor, Typ 1 (laut und begeistert) und Typ 2 (still und »innerlich bewegt«) wollen gemeinsam anbeten ... Was in einer Gemeinde üblich ist, ist in erster Linie eine Frage der jeweiligen Traditionen und Persönlichkeiten. Und in zweiter Linie bestimmt oft eine unterschiedliche Sicht von *Ehrfurcht* die »Anbetungsstunde«. Und Ehrfurcht muss sein - da gibt es keinen Zweifel. Gott ist nun mal nicht mein Kollege! Nur wird Ehrfurcht manchmal verschieden ausgedrückt.
Wie begegnest du deinem Herrn mit Ehrfurcht?

»Papa, ich wollte dir nur eine Freude machen!«

Gott ist so unendlich groß: Wir können ihm nichts geben.
Gott ist so unendlich groß: Er hat uns nicht nötig.
Gott ist so unendlich groß: Er freut sich über unsere Anbetung.
Wenn ich meinen großen und allmächtigen Vater im Himmel anbete, dann zeige ich damit: Jawohl, ich hab's kapiert, dass er der Herr ist, dass er es unfassbar gut mit mir meint, dass er mich liebt, obwohl er mich durch und durch kennt.

Ich stelle mir ein Kind vor, das eifrig für seinen Papa ein Bild malt. Das Kind gibt sich große Mühe, denn das Bild soll dem Papa Freude machen. Die Stifte hat Papa seinem Kind geschenkt, auch das Papier ist von ihm. Der Tisch, an dem das Kind malt, ist von Papa selbst gebaut. Sogar das Haus gehört dem Papa. Er »braucht« das Bild seines Kindes nicht. Vielleicht kommt das Kind nun stürmisch angerannt und ruft: »Papa, Papa, das Bild ist für dich!« Vielleicht legt es sein Bild auch heimlich auf Papas Stuhl. Doch egal wie: Der Papa freut sich riesig darüber, und das Bild bekommt sofort einen Ehrenplatz in seinem Büro!
Und so kann ich auch zu meinem wunderbaren Herrn und Gott kommen: Ich wollte dir nur eine Freude machen.

was war noch mal ...

Bitte: Ich bete zu Gott, um etwas zu erhalten. Oder: Ich bete zu Gott, um etwas für jemand anders zu erhalten.
Dank: Ich bete Gott an für das, was er tut.
Anbetung: Ich bete Gott an für das, was er ist.
Lobpreis: Dank und Anbetung - freudig (oft musikalisch) zum Ausdruck gebracht.

Achim Hubener

anleitung zum lobpreis: psalm 150

Nimm dir mal diesen Psalm vor! Es ist der letzte Psalm überhaupt und er ist auch nicht besonders lang: ein sechs Verse umfassender Aufruf zur Anbetung, zum Lobpreis.

Halleluja ist übrigens ein ganzer hebräischer Satz. Übersetzt bedeutet Halleluja: »Lasst uns den Herrn loben!«

Na, kannst du was anfangen mit »Zithern« und »Harfen« und Ähnlichem? Wahrscheinlich eher nicht! Aber wie wär's: Mach doch deinen ganz persönlichen Psalm, deinen Lobpreis Gottes daraus! Wie kannst du dein Lob ausdrücken? Kannst du Musikinstrumente spielen? Singst du lieber? Keine Angst: Auch wenn du ganz unmusikalisch bist, kannst du Gott anbeten. Hauptsache, du bist mit deinem ganzen Herzen dabei!

Psalm 150

(1) *Halleluja - lobt den Herrn! Lobt Gott in seinem Tempel! Lobt ihn, den Mächtigen im Himmel!*
(2) *Lobt ihn für seine gewaltigen Taten! Lobt ihn, denn seine Größe ist unermesslich!*
(3) *Lobt ihn mit Posaunen, lobt ihn mit Harfe und Zither!*
(4) *Lobt ihn mit Tamburin und Tanz, lobt ihn mit Saitenspiel und Flötenklang!*
(5) *Lobt ihn mit Zimbelschall und Paukenschlag!*
(6) *Alles, was lebt, lobe den Herrn! Halleluja!*

Achim Hubener

freudengeschrei und feierliche stille

Den nächsten Beitrag kannst du einfach lesen, wie die anderen auch. Du kannst aber auch später nochmal darauf zurückgreifen, indem du in deiner Jugendgruppe eine Bibelarbeit unter das Motto »Freudengeschrei und feierliche Stille« stellst. Ihr könnt dann folgendermaßen vorgehen: Frage 1 (unter »Einstieg«) auf Flipchart gemeinsam beantworten; Fragen 2 bis 4 im Gespräch in der Gesamtgruppe (insgesamt nicht länger als eine Viertelstunde).
Die eigentliche Bibelarbeit zu Psalm 95 eventuell in Kleingruppen durchführen. Die Gründe, Gott zu preisen (Verse 3-5), und die zusätzlichen Gründe, die gesammelt wurden, hinterher in der Gesamtgruppe auflisten.
Wer will, kann am Schluss (vor der Gebetsgemeinschaft) seine persönliche Antwort auf die letzte Frage (»Was willst du jetzt über ihn sagen?«) vorlesen.

Einstieg

1. Versuche, die Begriffe »Lobpreis« und »Anbetung« zu definieren. (Gibt es Unterschiede, wenn ja: welche?)

____

____

____

____

2. Wann, wo und wie praktizierst du Lobpreis und Anbetung?

3. Welche Probleme gibt es dabei? Was hindert dich eventuell daran?

4. Worauf kommt es bei Lobpreis und Anbetung besonders an?

Psalm 95,1-7a

(1) *Kommt, lasst uns dem Herrn zujubeln! Wir wollen ihn laut preisen, ihn, unseren mächtigen Retter!*
(2) *Lasst uns dankbar zu ihm kommen und ihn mit fröhlichen Liedern besingen!*
(3) *Denn der Herr ist ein gewaltiger Gott, der große König über alle Götter!*
(4) *In seiner Hand liegen die Tiefen der Erde und die Gipfel der hohen Berge.*
(5) *Ihm gehört das Meer, er hat es ja gemacht, seine Hände haben das Festland gebildet.*
(6) *Kommt, wir wollen ihn anbeten und uns vor ihm beugen, lasst uns niederknien vor dem Herrn, unserem Schöpfer!*

(7) *Denn er ist unser Gott, und wir sind sein Volk. Er kümmert sich um uns wie ein Hirte, der seine Herde auf die Weide führt.*

Wer sich Gedanken über Lobpreis und Anbetung macht, kommt an Psalm 95 kaum vorbei. Den letzten Teil (Verse 7b-11), in dem es um unsere Grundeinstellung gegenüber Gott geht, lassen wir mal außer Acht. Doch auch die ersten sieben Verse von Psalm 95, der eigentlich nur ein einziges Thema hat, kann man in zwei Abschnitte aufteilen. Findest du sie heraus?
Richtig: Beide beginnen mit: »Kommt ...« und es geht jeweils weiter mit: »Lasst uns ...« Und dann folgt die Begründung dafür: »Denn ...«

1. »Kommt, lasst uns ...«

Also: Wozu fordern sich die Sänger dieses Psalms beim ersten »Kommt, lasst uns ...« (Vers 1) gegenseitig auf? Formuliere das mit deinen Worten:

____

____

____

____

Stell dir vor, du gehst zu einem Konzert. Einige Besucher sitzen schon und tuscheln mit ihren Sitznachbarn. Andere haben ihren Platz noch nicht gefunden. Kurz vor Beginn sitzen endlich alle. Jetzt wird die Saalbeleuchtung langsam dunkler, bis sie ganz aus ist. Immer noch ist gedämpftes Murmeln zu hören. Plötzlich richtet sich ein Spot auf die Bühne. Jetzt ist es im Publikum mucksmäuschenstill. In dem Moment, in dem die Musiker ins Rampenlicht treten, bricht tosender Beifall aus. Jubelrufe sind zu hören. Einige ganz eingefleischte Fans erheben sich von ihren Plätzen ...
Natürlich ist Gott kein »Star«, und wir sind nicht seine »Fans«. Aber ich denke, du weißt, warum ich dieses Beispiel gewählt habe.

Solche Begeisterung, wie sie unser Psalm beschreibt, kommt auf, wenn ich mit jemandem konfrontiert werde, den ich total verehre. Jemand, der weit besser und größer ist als ich. Jemand, den ich gut kenne: seine Eigenschaften, seine Fähigkeiten, sein Wesen. Jemand, von dem ich weiß, dass es etwas ganz Besonderes ist, wenn er zu mir kommt. Hast du mal nachgeschaut, was in verschiedenen Bibelübersetzungen für »zujubeln« und »zujauchzen« steht? Trag die Begriffe, die du finden kannst, hier ein:

____

____

____

____

2. »Denn ...«

Welche Punkte werden als Grund und Inhalt des Lobpreises genannt (Vers 3-5)?

____

____

____

____

Fallen dir noch weitere Gründe ein, Gott zu loben? (Tipp: In älteren Übersetzungen wird Gott in Vers 1 »Fels unseres Heils« genannt. Setz mal für Heil: »Hilfe«, »Rettung«, »Befreiung«, »Glück« ein!)

____

____

____

____

3. »Kommt, lasst uns ...«

Was geht jetzt ab (Vers 6-7a)? Anscheinend wird's nun ganz leise. Kein ausgelassenes Freudengeschrei ist mehr zu hören. Ist überhaupt noch was zu hören? Ich glaube nicht. Ich glaube, jetzt ist es ganz still. So, als ob einem Kind vor Staunen der Mund offen steht.
»Wes das Herz voll ist ...«, so könnte man den ersten Teil, den »Lobpreisabschnitt« von Psalm 95 überschreiben. Und welche Überschrift fällt dir für den zweiten Teil, den »Anbetungsabschnitt« ein?

____

____

____

____

Meine Überschrift dafür ist: »Mir fehlen die Worte!« Übrigens, das Wort, das in Vers 6 mit »anbeten« übersetzt ist, heißt eigentlich: »sich niederwerfen, sich verneigen«. Wir haben es also in diesem Vers mit drei Verben zu tun, die eine körperliche Reaktion auf die Begegnung mit dem großen Gott beschreiben. Die Körperhaltung drückt aus, dass ich ahne und verstehe, wer er ist und wer ich bin.

4. »Denn ...«

Vers 7a: »Er«, dem wir eben zugejubelt haben, er, dessen Größe, dessen Wesen wir beschrieben haben, so gut wir's konnten, er ist unser Gott. Dem gehören wir. Er passt auf uns auf. Er ...
Was willst du jetzt über ihn sagen?

____

____

____

____

Wenke Peter

welch ein freund ist unser jesus ...

Kann Gott mein Freund sein? Geht das? Oder nicht? Gott ist doch heilig und unnahbar. Er ist der Herr und Schöpfer, und überhaupt trennen uns Welten ...

Gott hat Freunde

Es klingt vielleicht überraschend, aber Gott hat tatsächlich Freunde. Zum Beispiel Abraham (Jakobus 2,23) oder Mose (2. Mose 33,11). Na klar, sagst du, solche Superhelden, auf die trifft das vielleicht zu. Doch halt, nicht so schnell mit dem Urteil. In Abrahams Leben gab es Zeiten, da war vom Superhelden nicht viel zu sehen. Lies mal 1. Mose 12 oder 16 oder 20! Und auch Mose war nicht immer der Siegertyp, sondern jahrelang als Mörder auf der Flucht (2. Mose 2,15ff). Und doch werden beide Gottes Freunde genannt trotz aller Katastrophen.
Oder wie ist das mit Jesus? Er nennt Lazarus seinen Freund (Johannes 11,11). Und auch die Jünger waren seine Freunde, sie teilten das Leben mit ihm und sie liebten ihn (Johannes 15,15). Manche standen ihm sehr nah, andere weniger und drei hatten eine ausgesprochene Sonderstellung: Petrus, Johannes und Jakobus. - Vielleicht kann man sagen, sie waren beste Freunde.
Die Basis für eine christliche Freundschaft ist Liebe, und zwar die Liebe, die von Gott kommt und die wir an andere weitergeben können, dürfen und sollen.

Jesus gibt den Ton an

Freundschaft mit Jesus ist möglich, doch Freundschaft mit Jesus ist nicht alltäglich, menschlich und schon gar nicht kumpelhaft. Jesus ist nicht der coole Typ von nebenan. Freundschaft mit Jesus ist eine Freundschaft mit Bedingungen. Hier gibt ausschließlich Jesus den Ton an, und nur der ist sein Freund, der ihm gehorcht (Johannes 15,14). Diese Beziehung ist exklusiv. Das heißt: Wer Jesu Freund ist, kann nicht gleichzeitig Freund der »Welt« mit all ihrer Versuchung und Sünde sein (Jakobus 4,4).

> Die Beziehung zu Jesus ist exklusiv.

Und: Diese Freundschaft ist verbindlich, allgegenwärtig und nicht nur für einen Tag in der Woche belegt.
Jesus wählt sich seine Freunde aus - und nicht umgekehrt (Johannes 15,16). Und damit ist diese Freundschaft ein Geschenk, ja eine Ehre für mich. Jesus ist ein göttlicher Freund und deshalb ist diese Freundschaft eine ganz andere als meine Freundschaft mit Max oder Anna. »Freund Jesu« ist auch keine umfassende Beschreibung unserer Beziehung, aber doch ein wichtiger Aspekt unseres Verhältnisses zu ihm.

Nach einem Beitrag v. Roger Hofeditz in PERSPEKTIVE, Ausg. 10/2002.

Jochen Neuhoff

give thanks

Dankbare Menschen sind angenehme Menschen. Die haben Ausstrahlung. Ganz im Gegensatz zu jenen, denen man es nie recht machen

kann, die immer nur das sehen, was ihnen fehlt oder was sie sich noch wünschen ...
Ich bin überzeugt davon, dass Dankbarkeit nicht allein von äußeren Umständen abhängt. Dankbarkeit ist ein Geheimnis, und dieses Geheimnis entscheidet sich in deinem (und meinem) Herzen.

Danken - ja wem denn?

»Gott sei Dank ...« In dieser täglich millionenfach missbrauchten Redewendung liegt tatsächlich der Schlüssel zu einem reichen, lebenswerten Leben - ob du es glaubst oder nicht.
Du bist, ebenso wie die ganze Schöpfung, durch Gott und für Gott geschaffen (Kolosser 1,16-17). David sagt: *»Darum sollen dich alle deine Geschöpfe loben* (oder: dir danken). *Jeder, der dich liebt, soll dich rühmen«* (Psalm 145,10).
Von den 86 Bibelstellen, die ich zu den Wörtern »Dank«, »danke«, »danken«, »dankbar« und »Dankbarkeit« gefunden habe, beziehen sich 83 (!) auf den Dank an Gott. Denn wer sein Leben in Dankbarkeit gegenüber Gott lebt, den werden seine Mitmenschen automatisch als dankbaren Menschen erleben - garantiert!

Danken - ja warum denn?

Danken ehrt Gott.

Du wirst mit Sicherheit auffallen, wenn du auch dann noch zufrieden bist, wenn du den äußeren Umständen nach allen Grund zur Unzufriedenheit hättest. Wenn deine Dankbarkeit dann aus deiner Verbindung zu Gott kommt und nicht gekünstelt ist, werden deine Mitmenschen früher oder später »hinter die Kulissen« schauen. *»Wer mir dankt, der bringt ein Opfer, das mich ehrt«* (Psalm 50,23).

Gott will, dass du dankbar bist. *»Dankt Gott unter allen Umständen! Das will Gott von euch und das ermöglicht er euch durch Christus«*, schreibt Paulus in 1. Thessalonicher 5,18.

Danken tut gut.

Ich habe einmal in einer Zeitschrift gelesen, dass dankbare und zufriedene Menschen erwiesenermaßen eine höhere Lebenserwartung haben.

Danken steckt an.

Wenn deine Freunde dich als dankbaren Menschen erleben, werden sie in deine Dankbarkeit automatisch mit hineingenommen. Das Gegenteil davon kennen wir leider viel besser, zum Beispiel aus der Schule: das gemeinsame Meckern über den unmöglichen Lehrer, den unnötigen Lernstoff ... Wetten, dass du auffällst, wenn du nicht in das gleiche Horn stößt?

Danken - ja wofür denn?

Danke für den Herrn Jesus und alle Geschenke Gottes an dich!

Paulus bringt es in einem kurzen Satz auf den Punkt: *»Gott sei Dank für seine unsagbar reiche Gabe!«* (2. Korinther 9,15). Gottes Liebe zu uns und seine Rettungsaktion in seinem Sohn Jesus Christus sind so groß, dass dein ganzes Leben nicht ausreicht, um ihm genug dafür zu danken! Du darfst diese Liebe aber erwidern, indem du dich mit deinem ganzen Denken, Tun und Wollen diesem guten Herrn zur Verfügung stellst. *»Aber Gott sei Dank: Ihr, als frühere Sklaven der Sünde, gehorcht jetzt von Herzen der Lehre, von der ihr inzwischen geprägt worden seid. Von der Sünde befreit seid ihr nun in den Dienst der Gerechtigkeit gestellt«* (Römer 6,17-18).

Danke für Gottes Taten und für seine Hilfe im Alltag!

Sicher kennst du das auch: Du bittest Gott um etwas wie ein »Weltmeister«, aber nachdem Gott dir geholfen hat, bist du im Danken allenfalls noch »Kreisklasse« (wenn überhaupt)! Ich weiß von mir selbst, dass ich manchmal so tue, als hätte ich ein Recht auf Gottes Zuwendung und Hilfe. Fang an, Gott bewusst zu danken für alles, was er für dich getan hat, und wo er dir geholfen hat! Du darfst ihn sogar bitten, dass er dich dankbar macht und dir die Augen für Dinge öffnet, für die du ihm danken kannst! Denn wir sind alle manchmal ganz schön blind ...

> Du bittest Gott um etwas wie ein Weltmeister, aber nachdem Gott dir geholfen hat, bist du im Danken allenfalls noch Kreisklasse.

Wenn du dir Anregungen holen möchtest, lies Psalm 139,14; Psalm 28,7; Psalm 107 und Psalm 118,21!
Tipp: Ich habe mir angewöhnt, das Danken nicht aufzuschieben, sondern Gott sofort »Danke« zu sagen, wenn er mir geholfen hat. Sonst habe ich nämlich allzu oft das Danken vergessen.

Danke für das tägliche Brot!

»Gott sei Dank für Speis' und Trank. Amen.« Vielleicht hast du auf diese Weise oder ähnlich auch schon mal jemanden beten hören. Dabei hattest du den Eindruck, dass er mit den Gedanken überall war, nur nicht bei Gott.
Psalm 104 macht anschaulich deutlich, dass Gott der Geber aller guten Gaben ist. Du kannst ihm auf zweifache Weise die Ehre dafür geben: indem du ihm nicht nur oberflächlich, sondern bewusst dafür dankst und indem du das, was er dir gibt, froh genießt (Prediger 2,24-25; 5,17).

Danke für die Gemeinde und die Mitchristen!

Mal ehrlich - wann hast du Gott schon einmal für deine Gemeinde, deine Jugendgruppe und deine Mitchristen gedankt? Und - im Gegensatz dazu - wie oft hast du schon bei dritten Personen über den einen oder anderen abfällig geredet? Fang an, Gott bewusst gerade für einen Menschen zu danken, den du »am liebsten auf den Mond schießen« würdest! Du wirst staunen, wie sich im Danken deine Sicht für diesen Menschen ändern wird.
Paulus schreibt in den meisten seiner Briefe, dass er Gott immer wieder für die Gemeinde und die Fortschritte Einzelner im Glauben dankt. Fast alle seine Briefe beginnen mit einem Dank an Gott.

Danken - ja wann denn?

Diese Frage beantwortet Gottes Wort sehr radikal: *»Dankt Gott, unserem Vater, und dem Herrn Jesus Christus* allezeit *und für alles«* (Epheser 5,20). An diesem Satz hat wohl jeder von uns ein Leben lang zu knacken.
Das Herz des Psalmbeters war so voll, dass er sogar (wie wir es auch schon bei Jesus gesehen haben) einen Teil seines Schlafes opfert: *»Mitten in der Nacht stehe ich auf, um dir zu danken, weil deine Urteile gerecht sind«* (Psalm 119,62).

Danken - ja wie denn?

Danken kann durchaus etwas mit einem Opfer zu tun haben: einem Opfer an Zeit, aber auch einem Opfer an Gedanken - und zwar in dem Sinne, dass du bewusst deine Gedanken auf Gott konzentrierst. Du wirst »dein Wunder« erleben: *»Wer mir dankt, der bringt ein Opfer, das mich ehrt. Es gibt keinen anderen Weg, nur so kann ich ihn erretten* (oder: Ihn werde ich das Heil Gottes sehen lassen)*«* (Psalm 50,23).

Danken - ja wo denn?

Danken ist ortsunabhängig! Und doch gibt es eine besondere »Dankstelle«: die Gemeinde! Im alttestamentlichen Gottesdienst unter David war es die Aufgabe der Leviten, Morgen für Morgen und Abend für Abend anzutreten, um den Herrn zu preisen und zu loben (1. Chronik 23,30). David selbst sagt: *»Dann will ich dir in der Gemeinde danken, vor allem Volk will ich dich loben«* (Psalm 35,18).

Danken - ja wer denn?

»Wir danken dir, o Gott, wir danken dir! Du bist uns nahe! Wir erzählen von deinen wunderbaren Taten« (Psalm 75,2).
Je mehr du mit deinem Gott vertraut bist und in einer lebendigen Beziehung mit ihm lebst, desto dankbarer wirst du leben! Du darfst *jetzt* schon dem Herrn danken, den einmal alle Geschöpfe anerkennen müssen!

Magdalene Ziegeler

herr, ich habe mich so daran gewöhnt!

Herr, ich habe mich so daran gewöhnt, dass du gerade mich unter vielen Milliarden Menschen erwählt hast, dass du für mich persönlich gestorben bist, doch du gewöhnst dich nicht daran, dass die Menschen um mich herum ins Verderben laufen, ohne von mir die Chance zu ihrer Rettung zu erfahren.

Herr, ich habe mich so daran gewöhnt, von dir verwöhnt zu werden mit Angeboten deiner Liebe, doch du gewöhnst dich nicht daran, dass ich damit geize, diese Liebe an andere Menschen weiterzugeben.

Herr, ich habe mich so daran gewöhnt, dich zum Freund zu haben, doch du gewöhnst dich nicht an eine einseitige Freundschaft, weil du sagst, dass ich nur dann dein Freund bin, wenn ich tue, was du mir sagst.

Herr, ich habe mich so daran gewöhnt, dir meine Bedürfnisse zu nennen, dich zu bitten, zu bitten, zu bitten, doch du gewöhnst dich nicht daran, dass ich überrascht bin, wenn du auf meine Gebete antwortest.

Herr, ich habe mich so daran gewöhnt, dir Loblieder zu singen, doch du gewöhnst dich nicht daran, dass mein Herz dabei unbeteiligt ist und mein Leben eine andere Sprache spricht.

Herr, ich habe mich so daran gewöhnt, in einem freien Land meinen Glauben zu leben, doch du gewöhnst dich nicht daran, dass ich viel zu wenig für die 175.000 Märtyrer bete, die jährlich ihren Glauben mit dem Leben bezahlen.

Herr, ich habe mich so daran gewöhnt, mich täglich an einen gedeckten Tisch zu setzten und vor jeder Mahlzeit zu beten, doch du gewöhnst dich nicht daran, dass zwei Drittel der Menschheit diesen Luxus nicht kennt, dass mein Gebet oft eine gedankenlose Formulierung von angeeigneten Redewendungen ist.

Herr, ich habe mich so daran gewöhnt, dass deine Engel sich um mich lagern, um mich zu behüten, doch du gewöhnst dich nicht daran, dass ich an vielen Tagen vergesse, dir dafür zu danken.

Herr, ich habe mich so daran gewöhnt, mich in dieser Welt gut einzurichten, so zu leben, als würde ich ewig hier wohnen bleiben, doch du gewöhnst dich nicht daran, wenn ich vergesse, dass meine eigentliche Heimat bei dir ist, dass ich für den Himmel geschaffen bin.

Bitte Herr, gewöhne du dich nie daran, dass ich mich so an dich gewöhnt habe, entzünde du ganz neu in mir das Feuer der ersten Liebe, dass ich ganz neu überwältigt bin von dir, von deiner einzigartigen Person, dass nichts und niemand den Platz in meinem Leben einnehmen kann, der nur dir allein zusteht.

Achim Hubener

das vaterunser beten?

Bei allen möglichen Gottesdiensten und christlichen Veranstaltungen, sogar bei Beerdigungen wird es aufgesagt: das Vaterunser.
Heißt denn Beten nicht, dass ich meine *eigenen* Gedanken vor Gott zum Ausdruck bringe? Wozu dieses auswendig gelernte Gebet? Gut, Lieder sind auch vorgegeben. Die können wir auch von Herzen oder gedankenlos singen. Und das Vaterunser - es stammt immerhin von Jesus, dem Herrn (Matthäus 6,9-13). Das sind Gründe, mal näher hinzusehen.

Das Vaterunser ist kein öffentliches Gebet.

Genau darum geht es Jesus ja: Wer betet, nur um zu zeigen, dass er betet, sollte es besser bleiben lassen. Beten ist zuallererst Privatsache. *»Schließ die Tür und bete!«* Genau für dieses ganz persönliche Ge-

spräch, bei dem niemand zuhört als der »Vater im Himmel«, ist das Vaterunser die Vorlage. Lies Matthäus 6,5-6!
Das spricht absolut nicht gegen Gebetsgemeinschaften. Auf die Motivation kommt es an. *»Dein Vater, der ins Verborgene sieht«*, der genau weiß, warum du betest, *»wird dich belohnen.«*

Das Vaterunser ist kein aufgesagtes Gebet.

Natürlich ist es von Nutzen, wenn man dieses Gebet auswendig kann. Die Juden zur Zeit Jesu waren im Vergleich zu uns richtige Memo-Profis. Unser Herr wusste, dass es für viele seiner Zuhörer kein Problem sein würde, sein Beispielgebet wortwörtlich nachzubeten. Aber Jesus warnt ausdrücklich davor, leere Worte aneinander zu reihen. Ein heruntergeleiertes Vaterunser ohne innere Beteiligung ist kein Gebet. Schon gar nicht, wenn das inflationär geschieht (»zehn Vaterunser«).

> Jesus warnt ausdruecklich davor, leere Worte aneinander zu reihen.

Von daher ist das Vaterunser vielleicht eher ein Lehrstück, als ein Schema. Das Prinzip, aber keine Schablone. Lies Matthäus 6,7-9!

Das Vaterunser ist kein Gemeindegebet.

Das ist natürlich stark überspitzt. Aber die Bitte *»Dein Reich komme!«*, ist die Bitte jedes echten Gläubigen, egal in welchem Heilszeitalter er gelebt hat oder lebt.
Jeder Gläubige sehnt sich danach, dass Gottes »Königsherrschaft« (sein Reich) sichtbare Realität wird. Wer durch die Neugeburt zu Gottes Familie, also zur neutestamentlichen Gemeinde, gehört, der kann noch intimer beten als ein Bürger seines Reiches. Ist das nicht toll? Wer das Vaterunser »nur« nachspricht, bleibt dahinter zurück. Lass dir durch

das Vaterunser zeigen, wie du beten sollst: jeden Tag neu und anders und ganz persönlich.

Bete das Vaterunser!

Wenn unser Herr seine Jünger unmissverständlich anweist: *»Ihr sollt also folgendermaßen beten!«*, dann meint er auch, was er sagt. Wer von ganzem Herzen das Vaterunser betet, macht nichts verkehrt. Ganz im Gegenteil. Wer sich wirklich danach sehnt, dass diese Bitten erfüllt werden, hat die gleichen Ziele wie »unser Vater im Himmel«. Und etwas Besseres kann einem Menschen ja nicht passieren, oder?

Susanne Gönner

mit meinen worten

Vater unser im Himmel ...

Du bist mein himmlischer Vater. Du liebst mich mehr als mein natürlicher Vater. Du liebst mich so sehr, dass ich es nicht begreifen kann. Manchmal spüre ich ein Stück deiner Liebe, durch das Lesen in der Bibel, durch das milde Wehen des Windes, durch die Gemeinschaft mit lieben Freunden ...

Geheiligt werde dein Name ...

Herr, ich möchte, dass dein Name geheiligt wird. Dabei stören aber meine selbstsüchtigen Wünsche und Bedürfnisse. Deshalb bitte ich dich, dass du sie aus dem Weg räumst. Du sollst mein Denken ausfüllen und mein Handeln lenken. Ich wünsche mir, dass die Menschen nicht mich sehen und über meine Eigenschaften und Begabungen staunen, sondern, dass sie an mir dich, den großen und allmächtigen Gott, erkennen.

Dein Reich komme.
Dein Wille geschehe, wie im Himmel so auch auf Erden ...

Die Beschreibung deines Reiches im Himmel verschlägt mir die Sprache. Ich komme aus dem Staunen nicht mehr heraus. Manchmal wünsche ich mir, dass du hier auf der Erde genauso herrschst. Es wird auch so kommen. Das hast du uns in deinem Wort versprochen. Jetzt schon ist dein Reich in den Herzen deiner Kinder gegenwärtig. Diese Vorstellung überwältigt mich. Nimm mich und verändere mich, damit du mich wirklich gebrauchen kannst.

Unser tägliches Brot gib uns heute ...

Mein Vater, du versorgst mich jederzeit. Nie habe ich Grund, mich zu beklagen. Auch wenn ich vieles wie selbstverständlich hinnehme, ist es niemand anderes als du, der mich beschenkt. Du möchtest aber, dass wir dir sagen, was wir benötigen. Danke, dass du mich wieder daran erinnerst. Ich möchte dir von Herzen für den Lebensunterhalt danken, den du mir in der letzten Zeit zugedacht hast. Jeden Tag möchte ich mich auf dich verlassen, weil ich weiß, dass du mich versorgst.

Und vergib uns unsere Schuld ...

Ja, Herr, es lastet viel Schuld auf mir. Es sind oft Dinge, die in meinen Augen so klein wirken, dass ich sie fast übersehe. Verändere du meine Einstellung, sensibilisiere mein Gewissen, damit mir meine Schuld vor dir bewusst wird und ich unglücklich darüber bin.

Wie auch wir unseren Schuldnern vergeben ...

Du weißt, wie schwer es mir fällt zu vergeben. Manchmal brauche ich lange dafür. Ich bitte dich, dass du mich immer mehr in die Abhängigkeit von dir führst, damit ich sofort verzeihe. Denn du vergibst mir, wenn ich anderen vergebe.

Und führe uns nicht in Versuchung ...

Oft bin ich dem Bösen erlegen, ehe ich es gemerkt habe. Ich bitte dich, dass du mich in keine Versuchung führst, in der ich nicht mit deiner Kraft bestehen kann, und dass du keine Versuchung zulässt, bevor du mich nicht stark gemacht hast, um zu bestehen. Du hast uns versprochen, dass du uns nicht über unsere Kraft versuchen wirst.

Sondern erlöse uns von dem Bösen ...

Wenn ich mich und meine sündige Natur ansehe, wünsche ich mir nichts mehr, als dass du mich davon befreist. Deshalb bitte ich dich jetzt darum. Ich weiß, dass es auf dieser Erde nie hundertprozentig so sein wird, aber du kannst mich befähigen, immer wieder eine Sünde abzulegen.

Denn dein ist das Reich und die Kraft und die Herrlichkeit in Ewigkeit ...

Du bist mächtig. Mehr noch, du bist sogar *all*mächtig. Du bist der Herrscher über Himmel und Erde und über das Weltall. Du bist der Herr der Welt. Und du hast einen Plan mit dieser Erde und mit jedem Menschen, der auf ihr lebt. Das ist zu hoch für mich. Ich möchte dich dafür anbeten.
Manchmal nehme ich von deiner Kraft nur einen kleinen Teil wahr. Das macht mich stark. Ich danke dir dafür. Deine Kraft ist gewaltig. Die Vorstellung übersteigt meinen Verstand.

Deine Herrlichkeit lässt du uns manchmal stückweise sehen durch Wunder, die du tust. Am herrlichsten ist dein Werk an einzelnen Menschen, wie du sie zu dir ziehst, wie du an ihnen arbeitest und wie du sie führst. Für deine Herrlichkeit möchte ich dich anbeten, aber mir fehlen die Worte ... du kennst mein Herz.

Amen.

teil 4: enttäuschte beter

Jemand sagte: »Ich bete schon lange dafür, dass mein Vater vom Alkohol loskommt. Neulich hatte ich kaum ›Amen‹ gesagt, da ging die Tür auf, mein Vater kam herein und er war betrunken wie eh und je.«
Kennst du das? Man ruft in den Himmel und hat den Eindruck, es ist niemand zu Hause. »Unerhört«!
Ob Gott Gebete hört oder *er*hört, ist ein Unterschied. Er hört unsere Bitten immer, wenn wir es aufrichtig meinen. Manchmal scheint er sich mit der Beantwortung viel Zeit zu lassen. Die Ampel ist rot. Aber was macht man, wenn man an der Ampel steht? Ich überlege als Autofahrer: »Was könnte ich tun, um die Zeit zu überbrücken? Ah, die Karre muss gewaschen werden!« Ich steige aus und gehe los, um einen Eimer mit Wasser zu besorgen ... Nein, natürlich nicht! Ich bleibe am Steuer sitzen und bin erwartungsvoll auf die Ampelanlage fixiert. Es muss doch irgendwann weitergehen. Ja, manchmal sagt Gott: »Warte!« Damit musst du rechnen. Das ist aber kein Grund, die Sache mit dem Beten aufzugeben.
Es kommt sogar vor, dass Gott mit »Nein« antwortet. Nirgendwo hat Gott sich verpflichtet, zu all unseren Bitten »Ja, mach ich« zu sagen. »Nein« ist auch eine Antwort, oder? Angenommen, ich hätte auf die Frage, ob ich ein Taschenbuch zum Thema Gebet zusammenstellen will, gesagt: »Nein, keine Zeit und keine Lust!« Dann hätten die Leute vom Verlag nicht sagen können: »Er hat uns keine Antwort

gegeben.« Natürlich hab' ich das! Die Antwort war ziemlich klar: »Nein!« (keine Angst - ich habe sogar sehr gerne an dem Buch gearbeitet). Im Zusammenhang mit dem Bericht von dem königlichen Beamten, dessen Junge von Jesus geheilt wurde, habe ich es schon einmal erwähnt. Manche sagen: »Gott hat mein Gebet nicht erhört«, so als ob er nicht geantwortet hätte. Manchmal sagt Gott »Nein«.

Zum Beispiel war Jesus einmal mit seinen Jüngern in Samaria unterwegs. Da gab es ein Dorf, das ihnen keine Aufenthaltsgenehmigung erteilen wollte. Jakobus und Johannes waren darüber so wütend, dass sie sich wünschten, Feuer würde vom Himmel regnen, damit die Leute erkennen, wer Jesus ist. Der Herr ist nicht auf diesen Antrag eingegangen: »Nein!« Er hat die beiden sogar zurechtgewiesen, wie sie denn so etwas von ihm verlangen könnten! Das Ganze steht übrigens in Lukas 9,51-56.

Gut, das mag ein extremes Beispiel sein, aber manchmal bitten wir vielleicht um etwas, das schlicht falsch ist, nicht den Absichten Gottes entspricht. Wenn du weiterliest, wirst du auf weitere Beispiele in der Bibel aufmerksam gemacht, wo Gebete unerhört geblieben sind. Das ist also nicht nur ein Phänomen, das bei dir, hier und heute vorkommt.

Doch erst einmal kommt die Geschichte von Karin, die ziemlich betroffen macht. Andreas Ebert und Ulrich Breest geben dann ein paar Hinweise, die nicht den Anspruch erheben, alles zu beantworten, die aber auf jeden Fall weiterhelfen. Nicht alltäglich, aber interessant und nachahmenswert ist die Erfahrung, von der Erika Blank am Ende erzählt.

Persönlich erlebt: Hanne Häuser

was soll das, gott? wo bist du?

Karin, 30 Jahre alt, ist verheiratet und hat zwei kleine Söhne. Als sie mir zum ersten Mal den Knoten am Hals zeigte, ahnte sie, dass es Krebs war. Ärztliche Diagnose: Lymphdrüsenkrebs! Es folgten Operation, anschließend Strahlenbehandlung.

»Rufe mich zu Hilfe!«

Wir alle in unserer Gemeinde begannen damals zu beten, dass Gott eingreift und Karin geheilt wird. Die Behandlung war erfolgreich - Gott hatte unsere Gebete erhört.
Nach eineinhalb Jahren entstand wieder irgendwo im Körper ein Krebsherd! Karin hatte ständig Fieber, war schlapp und die Blutwerte waren nicht in Ordnung. Nach mehreren schwierigen Untersuchungen wurde ein Tumor gefunden, der inoperabel war. Außerdem: Karin war schwanger! Fragen. Angst. Verzweiflung. Natürlich rieten die Ärzte, das Kind abtreiben zu lassen. Sie und ihr Mann lehnten das ab.
Wir beteten wieder intensiver, hatten Gebetskreise extra für sie und ihre Familie. Auch in anderen Gemeinden beteten die Leute. Gebete der Hoffnung, die wir an Worten der Bibel festmachten; zum Beispiel: *»Wenn du keinen Ausweg mehr siehst, dann rufe mich zu Hilfe! Ich will dich retten und du sollst mich preisen«* (Psalm 50,15).

Wir sind erschüttert, ratlos!

Gebete voll Bangen und Warten. Wir riefen, flehten. Wir beteten, dass Gottes Macht deutlich würde! Dann Chemo, frühzeitige Geburt des Kindes, Gebetserhörung: Der kleine Tim war trotz vier Chemobehandlungen ein rundum gesunder Junge. Wieder eine Chemotherapie. Nach vier Monaten Behandlung war der Krebs besiegt. Wir dankten Gott! Aber wir beteten weiter, weil es Karin immer noch nicht gut ging. Einige von uns beteten in der Gewissheit, dass sie völlig gesund würde. Einige beteten, dass Gott irgendwie handelt und er bei dem ganzen Erleben zu Ehren kommt.
Nach weiteren acht Monaten Leiden stirbt Karin. Wir sind erschüttert, ratlos! Was soll das, Gott? Wo bist du? Wer bist du? Warum das jetzt? Fragen bleiben offen - vielleicht werden sie hier im Leben nie beantwortet.
Aber: Gott bleibt Gott! *»Meine Gedanken sind nicht eure Gedanken«* (Jesaja 55,8), sagt der Erhabene. Sein Blick und sein Plan sind allumfassend für jeden von uns und für die ganze Menschheit, und: Gott ist Liebe! Wir haben es nicht vergessen, auch wenn es dauert, diese Tatsache neu und gerade jetzt wieder zu sehen.

Conrad Heide (www.soulsaver.de)

nützt mein flehen?

»Oh Gott, hilf mir!« - solche Stoßgebete werden oft ausgesprochen. In vielen Fällen mag es unüberlegt sein.
Viele Zeitgenossen aber, die in Not sind, rufen mit aufrichtigem Herzen zu Gott. Aber hat man angesichts globaler und persönlicher Katastrophen nicht manchmal den Eindruck, dass Beten nichts als nur

Wunschdenken ist? Kann man nach Auschwitz noch an das Gebet glauben? Ja, man kann!

Was meinen die Experten?

Fragen wir einmal die Theologen. Die sind doch zuständig für solche Fragen und müssten sich bestens auskennen. Der katholische Theologe Jürgen Werbick von der Universität Münster meint: »Elementare religiöse Erfahrungen wie das Beten bringen mehr Fragen mit sich als Antworten möglich sind.« Professor Fulbert Steffensky von der Evangelischen Landeskirche kann mit diesem Thema offensichtlich gar nichts mehr anfangen - trotzdem im Laufe der Geschichte immer wieder Gebetserhörungen bezeugt worden sind: »Was immer Beten tun mag, ›wirken‹ tut es nicht.« Er verstehe nicht, warum Gott im Normalfall nicht erhörend handele, »warum er die Züge in die Gaskammern nicht aufgehalten und warum er den Mördern das Handwerk nicht gelegt hat.« Bei diesen Herren, die behaupten, über Gott Bescheid zu wissen, scheint kein Glaube mehr vorhanden zu sein. Gott soll für schlechte Dinge, die *Menschen* begehen, verantwortlich sein. Läuft es aber gut, will man von Gott nichts mehr wissen.

Warum hat Gott die Zuege in die Gaskammern nicht aufgehalten?

Die Lage ist bitter

Deutschland scheint kein Vertrauen mehr ins Gebet zu haben. Das Emnid-Institut startete eine Umfrage im Auftrag der Zeitschrift CHRISMON, wonach 26 Prozent der Deutschen glauben, dass Beten nichts bewirkt. Lediglich 17 Prozent sind von der Kraft des Gebets überzeugt. Der Friedensnobelpreisträger Elie Wiesel, der Auschwitz überlebt hat, sagte angesichts des Holocausts, die Fähigkeit zu beten sei damals im Menschen getötet worden. Der Dichter Gottfried Benn (1886-1956) drückt seine Hoffnungslosigkeit so aus: »Vor wem sollen wir noch knien? Der Alte hat uns im Stich gelassen, die Lage ist bitter.«

Die innere Unruhe überwinden

Neben denen, die meinen, Beten nütze überhaupt nichts, gibt es noch die Gruppe von Menschen, die Beten nur auf die Tätigkeit an sich beziehen. Die Bezugsperson lassen sie dabei aus dem Spiel.
Dem Franzosen Auguste Comte (1798-1857), der im 19. Jahrhundert ein System vernünftiger Religion ohne Gott entwarf, galt Gebet als eine Grundfunktion der menschlichen Natur. Seinen Anhängern befahl er, jeden Tag zwei Stunden lang zu beten.
Ähnlich klingt auch die Auffassung des Dalai Lama: »Es geht um nichts anderes als darum, Liebe und Mitgefühl im eigenen Herzen wachsen zu lassen und die innere Unruhe, von der wir geplagt werden, zu überwinden.«

Trotz allem

Leute, die wirklich mit Gott leben und gelebt haben, reden ganz anders über dieses Thema. Für sie ist Beten echte Kommunikation mit Gott. Obwohl viele schlechte Dinge passiert sind, können sie wie David sagen: *»Darum sollen auch alle, die dich lieben, Herr, zu dir beten. Wer dich zur rechten Zeit anruft, der bleibt verschont von den Wogen des Unheils«* (Psalm 32,6).
In ihrer Verzweiflung sprachen sie Gebete wie dieses: *»Höre doch, Herr, was ich dir sagen will; auch wenn ich nur noch seufzen kann, höre mir zu! Du bist mein König und mein Gott, zu dir schreie ich, dich flehe ich an!«* (Psalm 5,2-3).

Hiob war ein Mann, der so ziemlich alles, was er besaß, verloren hatte, seine Kinder mit eingerechnet. Trotzdem sagte er mit voller Überzeugung: *»Doch eines weiß ich: Mein Erlöser lebt«* (Hiob 19,25).
Fazit: Gott bewahrt nicht *vor* dem Leiden, aber er bewahrt *im* Leiden.

Andreas Ebert

wenn gott zu schweigen scheint

»Die Kiste spuckt wieder keine Cola-Dose aus«, wütet Gregor und donnert auf den Getränkeautomaten. Siehe da: Die Schläge helfen. Im Inneren der Kiste knackt und rappelt es und schon rollt die Dose raus. »Tja, man muss nur die richtigen Tricks kennen«, lobt er sich - zufrieden, dass die drohende Dürreperiode abgewendet ist.
So geht das (manchmal) bei einer Maschine, wenn sie nicht will. Wie ist das aber, wenn Gott nicht so will, wie ich es gerne hätte? Wenn ich bete - wirklich ernsthaft bete - und es knackt und rappelt eben nicht? Statt dessen empfinde ich nur langes Schweigen - nichts passiert.
Wenn ein Cola-Automat nicht funktioniert, dann hat das Ursachen, die man konkret beschreiben kann. Irgendetwas an der Elektronik oder der Mechanik spinnt - oder die Dosen sind alle. Jedenfalls lässt sich der Fehler sachlich einkreisen.
Wenn ich mit Gott rede, und er scheint zu schweigen, dann ist das nicht einfach mit zwei, drei Fehlerursachen aus der Welt zu schaffen. Gott ist keine Maschine. Deshalb sind die folgenden Überlegungen auch nicht als Patentlösung für alle unerhörten Gebete zu verstehen, sondern man muss fragen: Könnte es auf mich zutreffen, was einer der Männer schreibt?

Jakobus: »Zweifelst du?«

»Wenn er aber bittet, soll er das mit Zuversicht tun, ohne zu zweifeln. Ein Zweifler ist nämlich wie eine vom Wind gepeitschte hin- und herwogende Meereswelle. Ein solcher Mensch kann nicht erwarten, etwas vom Herrn zu empfangen. Er ist in sich gespalten (»dipsychos«) *und unbeständig in allem, was er unternimmt«* (Jakobus 1,6-8).

Jakobus kennt eine der möglichen Ursachen, die Gott schweigen lassen: Zweifel. Was meint er damit? Der Beter muss eine eindeutige Erwartung und eindeutige Haltung gegenüber Gott haben.
Der Zweifler, erklärt er, ist »di-psychos«, er hat zwei Seelen. Wenn es Probleme gibt, schreit er zu Gott wie ein alter Prophet. Sind die Probleme gelöst, lebt er, als gäbe es Gott nicht. Zwei Seelen in einem Menschen. Oder noch krasser: Im Problemfall betet man zu Gott. Wenn sich keine Änderung einstellt, sucht man bei okkulten Praktiken Hilfe. *»Ein solcher Mensch kann nicht erwarten, etwas vom Herrn zu empfangen«*, sagt Jakobus.

Jesus: »Aus welchem Motiv betest du?«

»Wenn ihr betet, macht es nicht so wie die Heuchler, die sich dazu gern in die Synagogen und an die Straßenecken stellen, damit sie von den Leuten gesehen werden. Ich versichere euch, mit dieser Ehrung haben sie ihren Lohn schon kassiert. Wenn du betest, geh in dein Zimmer, schließ die Tür und bete zu deinem Vater, der im Verborgenen ist. Dann wird dein Vater, der ins Verborgene sieht, dich belohnen. Beim Beten sollt ihr nicht plappern wie die Menschen, die Gott nicht kennen. Sie denken, dass sie erhört werden, wenn sie viele Worte machen« (Matthäus 6,5-7).

Jesus Christus weiß, dass sein Vater nicht reagiert, wenn man betet, um Eindruck zu machen.

Warum betest du? Um anderen zu zeigen, welche tollen Sätze du zusammenbringst? Um nicht gefragt zu werden, warum du nicht betest? Um nach wunschgemäßem Ausgang einer Sache sagen zu können, dass du ja auch dafür gebetet hast? Um einer erträumten Freundin zeigen zu können, wie »geistlich« du bist?
Vergiss es! Wer mit seinem Gebet mehr die Leute ringsum meint als Gott, *»hat seinen Lohn schon kassiert«*, sagt Jesus. Es ist nicht gerade Sünde, aber Gott sieht auch keinen Anlass zu reagieren.

Johannes: »Betest du nach Gottes Willen?«

»Deshalb können wir voller Zuversicht sein, dass Gott uns hört, wenn wir ihn um etwas bitten, das seinem Willen entspricht« (1. Johannes 5,14).

> Wer bei einer Klausur schummelt und betet, dass er nicht erwischt wird, hat schlechte Karten.

Johannes gibt zu verstehen: Gebete müssen dem Willen Gottes entsprechen. Wer bei einer Klausur seine Antworten von einem gedächtnisunterstützenden Papier überträgt und betet, dass er dabei nicht erwischt wird, hat keine guten Karten. Betrug ist nicht nach Gottes Willen.
Jakobus sieht das ähnlich. Er kennt Leute, die um Dinge beten, die sie anschließend *»in ihren Begierden vergeuden«* wollen (Jakobus 4,3). Natürlich haben auch private Dinge ein Recht darauf, im Gebet vorkommen zu dürfen. Wenn sich mein Beten aber um nichts anderes dreht als meine Wünsche, meine Enttäuschung, meinen Liebeskummer und meine Bedürfnisse, werde ich nicht viel mit meinem Gott erleben. Es ist nicht Gottes Wille, dass unser Beten nur um die private Welt kreist. Gottes Horizont ist weiter!

Das sind nur drei Gründe, warum Gott schweigen kann. Manchmal kann es auch sein, dass ganz andere - vielleicht uns unbekannte - Gedanken Gottes eine Rolle spielen. Manchmal handelt er erst, wenn wir meinen, dass der Zug schon abgefahren ist. Manchmal lässt Gott die Ereignisse zu, die wir so gerne »weggebetet« hätten, aber er hilft dann, sie durchzustehen.
Gebet ist ein Geheimnis, das nicht leicht zu ergründen ist. Ganz sicher ist: Gebete sind für Gott keine lästige Ruhestörung, er wartet darauf, dass seine Kinder mit ihm reden. Die Tür ist weit offen.

Ulrich Breest

Überhört gott gebete?

Wenn wir die Bibelstelle in Johannes 14,13 lesen *»... und alles, worum ihr dann in meinem Namen bittet, werde ich tun. Denn so wird der Vater im Sohn geehrt. Was ihr also in meinem Namen erbittet, werde ich tun«*, dann könnten wir meinen, dass das eine pauschale Zusage Gottes für die Erhörung unserer Gebete ist. Doch die Praxis sieht anders aus.
Überhört Gott unser Rufen zu ihm? Ist er zu beschäftigt? Ganz sicher nicht. Aber wir müssen das akzeptieren, was in Jesaja 55,8 steht: *»Meine Gedanken sind nicht eure Gedanken, und eure Wege sind nicht meine Wege, spricht der Herr. Denn wie der Himmel die Erde überragt, so sind auch meine Wege viel höher als eure Wege und meine Gedanken als eure Gedanken.«*
Ist das die Antwort auf diese so wichtige Frage? So für sich allein genommen bestimmt nicht. Gott, in seiner Eigenschaft als Vater, und

unser Herr, als Retter, antwortet nicht nur für deinen Verstand, sondern will, dass du Vertrauen zu ihm hast und glaubst, dass er deine Gebete wirklich hört und auch sehr ernst nimmt.
Wenn wir uns einige Beispiele in der Bibel ansehen, gelingt es dir vielleicht besser, Gott zu vertrauen.

Gott greift sofort ein

> Erst befreit Gott, und dann soll alles nur ein Irrtum gewesen sein?

In 2. Mose 14,10-17 wird erzählt, wie das Volk Israel aus Ägypten auszog und von der Sklaverei des Pharao befreit wurde. Gott hatte das Elend seines Volkes gesehen und es zu seiner Zeit befreit. Auf dem Weg in die Freiheit stießen sie nach relativ kurzer Zeit auf die erste unüberbrückbare Schwierigkeit. Das Meer schnitt ihnen den Weg ab. Die Ägypter hatten inzwischen mobil gemacht, um das Volk Israel wieder in die Gefangenschaft zurückzuholen. Wie war das zu verstehen? Erst befreit Gott, und dann plötzlich soll alles nur ein Irrtum gewesen sein? Die Anklagen gegen Mose beziehungsweise gegen Gott wurden laut: *»Lieber wären wir ihre Sklaven geblieben, als hier in der Wüste umzukommen!«* (Vers 12b).
Mose betete zu Gott und konnte dann sagen: *»Habt keine Angst! Verliert nicht den Mut! Ihr werdet erleben, wie der Herr euch heute rettet«* (Vers 13). *»Der Herr aber sagte zu Mose: ›Warum schreist du zu mir um Hilfe? Sag den Israeliten lieber, dass sie aufbrechen sollen! Heb deinen Stab hoch und streck ihn aus über das Meer! Es wird sich teilen und ihr könnt trockenen Fußes mitten hindurchziehen‹«* (Verse 15-16).
Hier siehst du ein Beispiel, wie Gott in einer akuten Not sofort hilft und auf das Rufen eines Mannes, nämlich Mose, hört.

Gott greift mit Verzögerung ein

In Kana wurde Hochzeit gefeiert (Johannes 2,1ff). Jesus und seine Mutter waren auch unter den Gästen. Plötzlich war der Wein ausgegangen. Was lag näher, als den Herrn zu bitten, in dieser Situation zu helfen. Bemerkenswerter Weise wird der Herr hier nicht in einer echten Notlage um Hilfe gebeten. Es ging vielmehr darum, dass das Fest in seiner Fröhlichkeit fortgesetzt werden konnte. Maria, seine Mutter, trug Jesus dieses Anliegen vor. Beachten wir seine Antwort: *»›Frau, in was für eine Sache willst du mich da hineinziehen?‹«, entgegnete Jesus. ›Meine Zeit ist noch nicht gekommen‹«* (Vers 4). Gab es nun *keinen* neuen Wein? Doch. Aber nicht genau zu dem Zeitpunkt, als er von Maria erbeten wurde. Du siehst, dass wir den Herrn wirklich um *alles* bitten dürfen, müssen aber auch in Kauf nehmen, dass die Bitte nicht im gleichen Moment erhört wird. Warum auch immer!

Gott greift nicht ein

Paulus hatte ein schweres Leiden, das ihm zu schaffen machte. Natürlich kam er damit zu Jesus. *»Dreimal habe ich den Herrn angefleht, mich davon zu befreien«* (2. Korinther 2,8). Das sagt ein Mann, der wirklich sein Leben der Arbeit im Reich Gottes zur Verfügung stellte. Achte nun auf die Antwort des Herrn: *»Doch er sagte zu mir: ›Meine Gnade muss dir genügen, denn meine Kraft ist in den Schwachen mächtig‹«* (Vers 9). Paulus reagiert: *»Deshalb freue ich mich über meine Schwächen ... denn wenn ich schwach bin, bin ich stark«* (Vers 10). Dies ist also ein Beispiel dafür, dass der Herr ein Flehen nicht erhört.
Also haben wir drei verschiedene Situationen gesehen:
1. Sofortige Gebetserhörung.
2. Gebetserhörung mit Verzögerung.
3. Gar keine Gebetserhörung.

Wenn du nun versuchst, das logisch zu erklären, kannst du schnell verzweifeln. Das ist nicht logisch. Doch wie gut und weise geht Gott mit uns um. Er hat uns gewissermaßen zwei Schlüssel zu einer echten und befriedigenden Antwort gegeben.

Schlüssel 1: Der Friede Gottes

»Macht euch keine Sorgen, sondern bringt eure Anliegen im Gebet mit Bitte und Danksagung vor Gott!« Beachte nun wie es weitergeht: *»Und sein Friede, der alles menschliche Denken weit übersteigt, wird eure Herzen und Gedanken im Glauben an Jesus Christus bewahren«* (Philipper 4,6-7).

Da heißt es also nicht, dass er unsere Bitten so erhört, wie wir es uns vorstellen, sondern: *»Sein Friede ... wird eure Herzen und Gedanken im Glauben an Jesus Christus bewahren.«* Was ist wichtiger: dass unsere Bitten nach unseren Vorstellungen erhört werden oder dass wir den Frieden Gottes in uns haben, der wirklich alles Denken übersteigt?

> Was ist wichtiger: dass unsere Bitten erhört werden oder der Friede Gottes?

Schlüssel 2: Die zukünftige Belohnung

»Werft dieses Vertrauen auf den Herrn, das einmal so reich belohnt werden soll, doch jetzt nicht weg! Was ihr braucht, ist Standhaftigkeit. Denn wenn ihr weiterhin nach Gottes Willen handelt, werdet ihr alles bekommen, was er euch zugesagt hat. ›Es ist nur noch eine kurze Zeit, dann wird der kommen, der kommen soll‹, hat Gott gesagt, und: ›Durch seinen Glauben wird der Gerechte leben. Wenn er sich aber von mir abwendet, werde auch ich nicht zu ihm stehen‹« (Hebräer 10,35-38).
Hier werden wir aufgefordert, Gott zu vertrauen und auf die entschei-

dende Belohnung zu warten. Der Herr kommt bald, und genau auf der Basis dieses Glaubens sollen wir leben.
Erhört Gott nun Gebete? Ganz sicher. Doch seine Antworten fallen nicht immer so aus, wie du und ich es uns wünschen. Aber das ist ja gerade das Einzigartige: Wenn wir Gott unsere Fragen, Nöte und Probleme bringen, dann kann es gut sein, dass sich rein äußerlich überhaupt nichts verändert, und doch können wir den Frieden Gottes genießen und an seinen Verheißungen festhalten. Kennst du dieses Gefühl? Vielleicht ist das eine Antwort auf diese Frage, die du dir nicht so vorgestellt hast, aber sie bringt uns der Lösung ein ganzes Stück näher.

Andreas Ebert

gott redet! aber auf seine weise

»Es ist mir rätselhaft mit dem lieben Gott«, stöhnt Lysann. So wichtig wie im Moment war es ihr noch nie, dass sie eine Antwort von ihm bekam. Und es kommt einfach nichts. Sie hat gebetet und dann eine Pause gemacht und gelauscht - nichts zu hören. Sie hat die Bibel aufgeschlagen und mit geschlossenen Augen auf eine Stelle getippt: *»... doch nicht gut gehen wird es dem Ungerechten«*, stand da. Das war's wohl auch nicht. Sie hat - weil nichts anderes half - auch schon mal versucht, Gott mit einem Zeichen zum Reden zu bringen. Das war so: Sie fuhr regelmäßig an einer Firma mit einem auffälligen Schornstein vorbei. Und sie dachte: »Beim nächsten Mal gilt es. Wenn der Rauch senkrecht aus der Esse kommt, ist es der Richtige. Zieht der Rauch schräg ab, ist es der Falsche.« Und was war? Genau an dem Tag rauchte die Esse überhaupt nicht.

Hat Gott keine Sprechstunde mehr? Macht es ihm Spaß, mich zappeln zu lassen? Ist er an meinem kleinen Leben überhaupt interessiert, oder sind es nur bestimmte Themen, zu denen er sich äußert?
Im Alten wie im Neuen Testament findet man eine gleichlautende Antwort: Gott hat geredet (Psalm 50,1; Hebräer 1,1-2). Hätte er das nicht getan, gäbe es keine Bibel, keine Geschichte Israels, keine Apostel und keine Gemeinde. Ohne Zweifel, Gott hat geredet.
Aber damit ist die Frage noch nicht beantwortet, ob *ich* mit meiner einmaligen Lebensgeschichte, meiner speziellen Situation, meiner Unsicherheit heute damit rechnen kann, von Gott Antwort auf meine Fragen zu bekommen. Ich bin überzeugt: Man kann damit rechnen, dass Gott meine Fragen beantwortet. Aber man sollte nicht glauben, dass er mir eigenhändig einen Brief schreibt oder am Himmel ein Spruchband entlang zieht. Wer wirklich Antwort von Gott will, muss sich auf seine Art zu antworten einlassen.

> Man sollte nicht glauben, dass Gott am Himmel ein Spruchband lang zieht.

Gott redet durch die Bibel

Das Buch ist zwar alt, aber immer noch gültig. Gott ändert sich nicht, und wir Menschen sind auch noch die gleichen Typen wie damals. Deshalb muss Gott nicht alle fünf Jahre einen Propheten schicken, der durch die Welt rennt und bestätigt: Sein Wort gilt immer noch!
In anderen Lebensbereichen gehen wir selbstverständlich davon aus, dass Regeln auch ohne Wiederholung gültig bleiben. Wer hört schon morgens die Nachrichten, weil er sich unsicher ist, ob er an der rechten oder linken Straßenseite lang fahren soll? Wir fahren rechts. Basta. Seit weit über hundert Jahren schon.
Kommen wir noch einmal zu Lysann und ihrer wichtigen Frage zurück, ob »er« der Richtige ist. Gott hat in seinem Wort schon eine Menge

Fragen zu diesem Thema (und zu vielen anderen) beantwortet, wie etwa diese:

- Muss er unbedingt gläubig sein?
- Hat es überhaupt Sinn zu heiraten? Wir lieben uns doch unsterblich und würden auch so zusammenbleiben ...
- Hat Sex seinen Platz wirklich erst jenseits des Standesamtes?

Diese Fragen und viele andere braucht man Gott nicht mehr zu stellen. Sie sind ausreichend geklärt, die Antwort kann man nachlesen. Man sollte auch nicht meinen, die Ausnahme zu sein, bei der Gott von seiner sonst üblichen Antwort abweicht.
Diese Antworten klären zwar noch nicht, ob der erträumte Mensch der Richtige ist, aber damit ist ein Rahmen abgesteckt. Wenn er diesen Rahmen nicht akzeptiert, kommt er nicht in Frage - und bekommt einen Korb.

Gott redet durch andere Menschen

Häufig benutzt Gott andere Menschen, um mir Antwort zu geben. Das kann auf ganz unterschiedliche Weise geschehen. Es kann ein guter Freund sein, der meine Situation kennt und mir einen guten Rat gibt - oder mich vielleicht warnt. Es kann in einem Seelsorgegespräch sein, das ich suche. Und es kann auch ein Tipp der Eltern sein; manchmal haben ja selbst 50-Jährige noch einen guten Tag.
Gott kann aber auch Menschen gebrauchen, die mich und meine heißen Fragen überhaupt nicht kennen. Man hört eine Predigt und weiß: Das geht mich an. Man ist bei einem Jugendtag und ist überzeugt, dass es sinnvoll ist, genauso zu handeln.
In dieser Art zu antworten, liegt aber eine gewisse Schwierigkeit: Es ist keine persönliche Anleitung: »Liebe Lysann, in dieser Frage solltest du ...«, sondern ich muss aus einer Botschaft Schlüsse auf mein Leben ziehen. Damit sind wir bei einem weiteren wesentlichen Weg, Gottes Antwort zu vernehmen: unserem Verstand.

Ich verstehe, was Gott will

Unser Kopf ist viel mehr als eine Versuchsfläche für Frisöre. Unser Verstand ist ein sehr wichtiges Instrument, wenn es darum geht, Gottes Willen zu erkennen. Paulus verpackt das in einem bemerkenswerten Satz: *»Seid also nicht leichtsinnig und gedankenlos, sondern begreift, was der Herr von euch will«* (Epheser 5,17).

> Unser Kopf ist mehr als eine Versuchsflaeche fuer Frisoere.

Er sagt damit, dass Gott erstens einen Willen hat, und zweitens, dass man ihn verstehen kann. Keiner muss verzückt auf seinem Sofa sitzen und warten, dass aus irgendeiner Zimmerecke eine Stimme redet und die nächsten Schritte diktiert. Wir sollen vielmehr lernen, so zu denken, wie es Gottes Gedanken entspricht. Gott will keine Marionetten, die er an Fäden durch das Leben zieht.

Weiter oben stand, dass die Aussagen Gottes in der Bibel einen Rahmen abstecken. Man kann sich das so vorstellen wie den Gartenzaun eines Grundstücks. Innerhalb dieser Grenzen ist Freiheit, und ich kann (und muss!) meinen Verstand gebrauchen, damit ich innerhalb dieses Zauns das Richtige mache.

An Lysanns Frage kann man das gut illustrieren. Nehmen wir an, sie und der fragliche Typ würden von den biblischen Kriterien her gut zusammenpassen. Dann kann man mit dem Verstand viele weitere Fragen klären:

- Passt unsere geistige Leistungsfähigkeit zusammen?
- Wo werden wir wohnen?
- Gibt es eine Übereinstimmung, welchen Stellenwert unsere Mitarbeit in der Gemeinde hat?

Bei diesen Fragen braucht man nicht auf ein Zeichen von Gott zu warten, sondern kann nachdenken und verstehen, was Gott will. Es kann auch sein, dass man dabei merkt, dass man zwar nicht aus geistlichen, aber aus menschlichen Gründen keine Ehe beginnen kann. Wenn er mit Mühe die achte Klasse geschafft hat und sie studiert, dann wird das vermutlich nicht gut gehen. Es wird wohl keine Partnerschaft von Gleichen werden. Kann sein, dass er irgendwann mit seiner Bierbüchse Fußball schaut, während sie im Konzert sitzt oder bei Freunden einen Hauskreis hält.

Wir können natürlich eine Menge Unsinn zusammendenken. Was kann man tun, damit unser Verstand geistlich geradeaus zu denken lernt? Wichtig ist erstens: Wir bitten Gott darum, dass der Heilige Geist, der in uns wohnt, unser Denken gesund macht. Zweitens: Wir müssen unseren Kopf mit dem richtigen Stoff füttern. Wir haben die Wahl. Wer sich vorwiegend auf dem Niveau von »Big Brother« abfüllt, soll nicht glauben, dass ihm im entscheidenden Moment die tollen Ideen kommen.

Gott redet durch Ereignisse

Auch das muss noch genannt werden. Gott kann durch besondere Ereignisse Weichen stellen. Er führt uns mit Menschen zusammen, die wir nie gesucht hätten - vielleicht auf einer Freizeit. Er kann dadurch Entscheidungen beeinflussen, die wir so nicht getroffen hätten. Ich wäre wohl nie auf eine Bibelschule gegangen, wenn mich nicht ein Mensch bei einer spontanen Begegnung dahin »geschoben« hätte.

> Seine Fuehrung geschieht nicht durch Lautstaerke, sondern durch Naehe.

Es kann aber auch anders gehen. Manchmal greift Gott radikal ein und macht uns durch dramatische Ereignisse begreiflich, dass es so nicht geht. Ein Beispiel dazu: Ein junger Mann kam zum Glauben und hat - eigentlich wider sein Gewissen - die Beziehung zu einer ungläubigen Freundin intensiv und sehr intim fortgesetzt. Bei einem dieser Besuche wird ihm vor dem Haus seiner »Schnalle« das Auto geknackt und bis auf das Lenkrad ausgeräumt. Das war für ihn Reden Gottes.

Aber bitteschön, das ist nicht die übliche Art, wie Gott seine Leute führen will. Das ist die Notbremse, die er ziehen kann, wenn alles andere nicht mehr hilft.
Redet Gott heute noch? Wird ein Mensch, der sich danach sehnt, von ihm geführt? Ja. Aber es ist, wie oben beschrieben. Seine Führung geschieht nicht durch Lautstärke, sondern durch Nähe. Und die kann man gestalten - oder auch nicht. Aber das liegt dann nicht an Gott.

Monica Kuschmierz

gott hat keine mailbox

Manche Leute mögen keine Anrufbeantworter. Dabei haben die Geräte echte Vorteile: Sie widersprechen nicht, unterbrechen nicht und hören geduldig zu. Sie lassen sich bequem »volltexten«.
Christen tun oft so, als melde sich bei Gott immer nur die Mailbox. »Hier ist die Mailbox von Gott. Wenn Sie eine Nachricht nach dem Signalton hinterlassen, rufe ich Sie gegebenenfalls zurück.« Gegebenenfalls. Und dann texten wir. Wenn wir fertig sind, legen wir auf. Aber Reden mit Gott ist keine Einbahnstraße.

Kommunikation geschieht wechselseitig

Vielen Christen fällt es schwer, das Beten als Gespräch zu sehen. Sie meinen, dass Gott *nur* durch das Lesen der Bibel zu uns spricht, während wir im Gebet mit ihm sprechen. Wie auf einer Autobahn sind beide Fahrtrichtungen durch eine Sicherheitszone schön säuberlich voneinander getrennt. Natürlich erwarten wir, dass Gott antwortet. Aber unsere Vorstellung ist meist die, dass Gott lediglich unsere Gebete erhören und ausschließlich in unserem Sinne antworten sollte.

> Wenn wir das Beten nur als Mittel zur Wunsch-erfuellung ansehen, dann entgeht uns das Wichtigste.

Keine Frage, Gott redet tatsächlich, indem er Gebete »beantwortet«. Wir bitten ihn um Hilfe bei einem bestimmten Problem, und er hört und hilft uns. Wir bitten ihn um Bewahrung, und kommen tatsächlich ohne Unfall am Ziel unserer Reise an. Aber wenn wir das Beten nur oder überwiegend als Mittel zur Wunscherfüllung ansehen, dann entgeht uns das Wichtigste und Beste am Beten, denn Beten ist vor allen Dingen eine Möglichkeit zur Kommunikation.

Gott hat ein starkes Bedürfnis nach Beziehungen in uns hineingelegt. Wir wollen mit einem anderen teilen, was uns bewegt, wollen verstanden werden. Wir wollen wissen, dass wir angenommen sind. Wir sehnen uns nach jemandem, der zuhört und bereit ist, Freud und Leid mit uns zu teilen. Kurz: Wir sehnen uns nach echter, tiefer Freundschaft.

Mich hat es verblüfft festzustellen, dass sich Gott genau das Gleiche von uns wünscht. Nachdem er Adam und Eva geschaffen hatte, besuchte er sie im Garten Eden und unterhielt sich mit ihnen. Er genoss die ungestörte Gemeinschaft mit seinen Menschen. Und das hätte immer so weitergehen können, wäre die Beziehung durch den Sündenfall nicht zerbrochen. Gott hätte sagen können: »Was soll's? Sie haben es nicht anders gewollt.« An solch einer Haltung zerbrechen viele menschliche Beziehungen: Wenn wir verletzt sind, wenden wir uns ab. Aber Gott ist nicht so. Wir sind ihm nicht gleichgültig. Darum hat er alles, wirklich alles daran gesetzt, die Beziehung zwischen ihm und uns wieder zu heilen. Als Jesus am Kreuz für unsere Schuld starb, hat er getan, was nötig ist, damit wir die Verbindung zu ihm wieder aufnehmen können.

Gott redet, wenn wir ihn kennen

Das Ziel, das Gott mit uns als Christen hat, ist nicht nur, dass wir seine Diener sein sollen. Wir sind zunächst einmal Gottes Kinder und zur Gemeinschaft mit ihm berufen (1. Korinther 1,9; 1. Johannes 1,3). Wir müssen uns einmal vor Augen halten, was das bedeutet. Der Satz mag dir leicht über die Lippen gehen: »Gott möchte unser Freund und Vater sein.« Bist du dir darüber im Klaren, welche Kraft hinter dieser Aussage steckt?

Aber die Beziehung mit Gott *einzugehen* (also Gottes Kind zu werden), ist nur der erste Schritt. Das ist wie bei einem Verhältnis zwischen zwei Menschen, die frisch verliebt sind. Alles ist furchtbar aufregend und kribbelnd. Die Phase, wenn zwei eine Freundschaft eingehen, kann sehr schön sein. Doch es fehlt einer so jungen Beziehung noch an Sicherheit und Tragfähigkeit. Man weiß noch nicht, was den anderen verletzt. Man ist nicht sicher, ob der andere es sich nicht doch anders überlegt, wenn er herausfindet, wie man wirklich ist. Man fragt sich: Hält die Beziehung? Ist sie auch dann noch tragfähig, wenn der Schokoladenüberzug ab ist?

Jede Beziehung muss wachsen. Erst nach und nach lernt man sich besser kennen. Und je mehr ich mit einem Menschen vertraut bin, desto sicherer und tragfähiger wird die Beziehung - vorausgesetzt natürlich, dass die beiden Partner sich als beständig und zuverlässig erweisen. Grundsätzlich gilt: Je mehr ich über einen Menschen erfahre, je genauer ich seine Einstellung kenne, je besser ich beobachten kann, wie er auch mit anderen umgeht, desto stärker wird mein Vertrauen zu ihm.

Gott möchte, dass wir ihn kennen lernen. Ihm liegt viel daran, dass unser Verhältnis zu ihm immer mehr Tiefgang bekommt. Er möchte, dass wir uns bei ihm sicher und geborgen fühlen. Das können wir in der Bibel nachlesen. Das können wir im Alltag erleben. Das können wir aber auch im Gebet erfahren.

In dieser Hinsicht fasziniert mich ein Glaubensheld der Bibel: Mose. Er hat die Gemeinschaft mit Gott auf besondere Weise erfahren. Er war kein vollkommener Mensch, hat Fehler gemacht und musste von Gott korrigiert werden. Aber er lebte in so enger Gemeinschaft mit Gott, dass es von ihm heißt: *»Der Herr sprach mit Mose von Angesicht zu Angesicht, wie Freunde miteinander reden«* (2. Mose 33,11a). Und worüber redeten Mose und Gott? Was Freunde eben so miteinander besprechen. Sie redeten über ihre Pläne und Absichten, über ihre Ziele und Wünsche - und so konnte Mose Gott auch bitten: *»Du befiehlst mir, dieses Volk nach Kanaan zu bringen, aber du hast mir noch nicht gezeigt, wen du mit mir senden willst. Du hast mir gesagt, dass du mich ganz genau kennst und ich deine Gunst gefunden habe. Wenn du nun wirklich bei mir bist, dann lass mich deine Pläne erkennen! Ich möchte dich besser verstehen und weiter deine Hilfe erfahren. Denke doch daran: Dieses Volk ist dein Volk«* (2. Mose 33,12-13). Das Gespräch mit Gott war von Vertrauen geprägt. Gott war ihm so gegenwärtig, dass es später im Hebräerbrief von Mose heißt: *»Er ging entschlossen seinen Weg, weil er den unsichtbaren Gott vor Augen hatte«* (Hebräer 11,27b).

Nun könnte man argumentieren: »Erstens war Mose ein besonders berufener Mann und zweitens hatte er die Bibel noch nicht. Klar, dass Gott so mit ihm redete.« Das ist in gewisser Weise richtig. Aber das Neue Testament macht klar, dass Christen es viel besser haben als die gottesfürchtigen Menschen aus der Zeit des Alten Testaments. Darf ich dich daran erinnern: Gott hat uns den Heiligen Geist geschenkt, der in uns lebt. Natürlich, die Bibel zeigt uns von außen her, was Gott will. Aber der Geist in uns macht uns deutlich, was das mit unserem Leben zu tun hat. Er ist sozusagen die Schaltzentrale in unserem Leben. Wie eine Telefonanlage verbindet er das Gespräch zwischen uns und Gott, weil wir eigentlich nicht so genau wissen, wie wir mit Gott reden können und sollen (Römer 8,26).

Die Bibel zeigt uns von außen her, was Gott will. Aber der Geist in uns macht uns deutlich, was das mit unserem Leben zu tun hat.

Gott redet, wenn wir mit ihm sprechen

Menschen, die den Geist Gottes haben, bekommen Einsicht in die Pläne Gottes. Menschen, die den Geist Gottes haben, sind in der Lage, das Leben geistlich zu beurteilen. Nur so können wir zum Beispiel nachvollziehen, warum Christen ihr gesichertes Leben aufgeben, um irgendwo in der dritten Welt anderen Menschen von Jesus zu erzählen, auch wenn viele das für verrückt halten.

Der Heilige Geist kann am effektivsten an uns arbeiten, wenn wir bereit sind, auf die leise Stimme Gottes zu hören. Wenn es uns beim Beten nicht nur darum geht, unsere Wunschliste abzuliefern, sondern wenn wir im Gebet die Begegnung mit Gott suchen, dann werden wir bald merken, dass Gott tatsächlich redet. Die Bibel berichtet von einigen Situationen, in denen Gott gerade dann zu Menschen redete, als sie mit *ihm* sprachen:

Als Gott zu verstehen gab, dass auch Nichtjuden Christen werden können, nutzte er die Gebetszeit sowohl von Kornelius als auch von Petrus, um ihnen das auf besondere Weise klarzumachen (Apostelgeschichte 10,9-10.30).

Oder Paulus wurde als Missionar berufen, während er im Tempel betete (Apostelgeschichte 22,17-18).

Reden, Reden, Reden - und Hören!

Wie können wir so eine Verbindung zu Gott aufbauen? Tja, wie baut man Beziehungen generell auf und vertieft sie?

Wenn du jemanden kennen gelernt hast und das Verhältnis vertiefen möchtest, dann redet, redet und redet ihr miteinander. Du wirst versuchen, möglichst viel mit dem anderen zu unternehmen. Ihr schafft euch eine Basis von gemeinsamen Erlebnissen und tauscht euch darüber aus. Du lässt den anderen an deinen Gedanken teilhaben und hörst aufmerksam zu, wenn er spricht. Wenn wir das auf die Beziehung zu

Gott übertragen, könntest du sagen: Na klar, also Beten und Bibellesen. Genau das ist es - und ist es auch wieder nicht. Beten und Bibellesen - diese geistlichen Übungen - sind für manche von uns durch langen Gebrauch zu abgenutzten Pflichtübungen geworden. Es gehört halt dazu wie der sonntägliche Gottesdienstbesuch und das Kaffeetrinken am Nachmittag. Erst, wenn du beginnst, das Beten und Bibellesen als Mittel der Kommunikation mit Gott zu erleben, wirst du wieder davon profitieren: Lerne mehr und mehr, mit Gott zu besprechen, was du gerade gelesen hast; ihm zu sagen, was du nicht verstehst; ihm zu erzählen, welche Menschen dir Mühe machen oder dir Gutes getan haben; ihm mitzuteilen, worüber du dich gerade ärgerst oder freust.

> Beten und Bibellesen sind fuer manche durch langen Gebrauch zu abgenutzten Pflicht-uebungen geworden.

Mach immer wieder Pausen, um hinzuhören: Redet Gott vielleicht gerade jetzt durch einen plötzlichen Gedanken zu mir? Durch ein Lied oder einen Bibeltext, der mir in den Sinn kommt? Durch eine Bemerkung, die jemand im Jugendkreis oder im Gottesdienst fallen lässt?
Das Ganze bedeutet auch, nichts anstehen zu lassen, was deine Beziehung zu Gott stört. Wie schnell breitet sich in unseren menschlichen Beziehungen eisiges Schweigen aus, weil wir nicht bereit sind, unsere Schuld zuzugeben und den Partner um Vergebung zu bitten. Beide warten darauf, dass der jeweils andere den Anfang macht.
In unserer Beziehung zu Gott ist das anders. An ihm liegt es nicht, wenn unsere Verbindung nach oben blockiert ist. Es kann sein, dass Gott dir für eine Weile fern zu sein scheint, weil er dich etwas lehren möchte oder er deinen Glauben stärken will. Doch er setzt alles daran, die Beziehung zu dir zu erhalten und zu vertiefen. Er würde sie niemals gefährden. Deshalb liegt es an dir, auch von deiner Seite aus in die Beziehung zu investieren: Schuld zuzugeben, um Vergebung zu bitten

und neue Schritte in die richtige Richtung zu wagen. Nicht bewusst an alten Sünden festzuhalten, sondern damit zu brechen und neue, gesunde und heile Verhaltensweisen einzuüben.

Erika Blank

gott schreit nicht

Stille Zeit. Früher hieß das für mich, irgendwo in einem vollgestopften Tag eine kleine Lücke finden, Bibel aufschlagen, schnell einen Absatz lesen, kurz nachdenken ... Aha, alles klar, beten, fertig. Bis zu einem denkwürdigen Tag im Oktober 1998, der mich lehrte, was Stille ist ...

Die »Klauser Klausur«

Zu der Zeit war ich Schülerin an der Bibelschule Schloss Klaus in Österreich. Zum Schluss sollten wir an bestimmten Freizeiten teilnehmen. So auch an der »Klauser Klausur«, einer Freizeit der Stille, die den Teilnehmern helfen sollte, ihren geistlichen Standort zu bestimmen, in sich zu gehen und sich vor Gott zu prüfen. Ich muss zugeben, dass ich schon mit mehr Begeisterung in eine Freizeit gestartet war. Was mir besonderes Kopfzerbrechen bereitete, war der berühmt-berüchtigte »Tag der Stille«. Nach einer Morgenandacht sollten wir für den Rest des Tages - genauer gesagt bis zum Abendessen - eine Zeit der absoluten Stille einhalten. Das bedeutete: keine Musik, keine Spiele und das Schlimmste: keine Gespräche. Redeverbot! Damit verband ich nur eines: Langeweile! Mir war klar, dass es mir schwerfallen würde, die Stille einzuhalten. Aber ich hätte mir nie träumen lassen, dass es noch schwerer sein würde, die Stille auszuhalten ...

Sonntag, 24. Oktober

Der Tag beginnt wie jeder andere - mit dem Frühstück. Es geht laut zu an unseren Tischen, wie immer. Es werden Witze gerissen, kleine, lieb gemeinte Gemeinheiten ausgetauscht, und mit gemischten Gefühlen sehen wir alle dem kommenden Tag entgegen. Etwas später sitzen wir gemeinsam mit den anderen Freizeitteilnehmern im großen Rittersaal, lauschen gebannt der Andacht, die uns Mut macht, unser Leben ehrlich auf den Prüfstand zu stellen.

Und dann beginnt sie, die Zeit der Stille. Unglücklicherweise genau zeitgleich mit dem Mittagessen. Jetzt, wo ich nicht mehr reden darf, fallen mir tausend Dinge ein, die ich meinen Freundinnen sagen möchte. Der Speiseraum wirkt irgendwie gespenstisch, viele Leute sitzen an den Tischen, aber das vertraute Gemurmel und Gelächter fehlt. Man hört nur das Klappern des Bestecks auf den Tellern. Ich fühle mich unbehaglich, spüre den zwanghaften Drang, irgendetwas zu sagen, zu lachen, einfach, um das Schweigen zu brechen. Ich sehe meine Freundin grinsen - ihr geht es genauso. Endlich ist das Mittagessen vorbei.

> Mein Kopf wird nicht klar, die Gedanken schwirren umher wie laestige Muecken; es gelingt mir nicht, sie zu verscheuchen.

Ich muss raus hier, weg von den schweigenden Leuten, raus in die Natur. Ich schnappe mir meine Bibel und Schreibzeug und laufe hinunter zum See. Hier wirkt die Stille natürlich, nicht mehr erdrückend. Ich setze mich ans Ufer, die Sonne scheint mir auf den Rücken. Es ist ganz still um mich herum. Aber auch nur dort. Mein Kopf wird nicht klar, die Gedanken schwirren umher wie lästige Mücken; es gelingt mir nicht, sie zu verscheuchen. Dinge, die noch zu erledigen sind, Briefe schreiben, Lieder für den Unterricht aussuchen, einen Sketch vorbereiten ... Ich notiere sie, bewahre sie auf für später. Und dann endlich spüre ich sie:

die Stille. Fast kann ich körperlich fühlen, wie sie sich in mir ausbreitet. Lange Zeit sitze ich einfach nur da und genieße, ohne einen Gedanken, ohne Worte. Nur Stille und Frieden. Ich bin mir der Gegenwart Gottes bewusst, und sie überwältigt mich. Die Worte, die ich vorher nicht los wurde, jetzt finde ich sie nicht mehr.

Gott, was willst du mir sagen?

Ich greife nach dem Blatt, das unser Lehrer uns mitgegeben hat als »Geländer« für unsere Klausur. Viele Fragen stehen darauf. Was hat Gott in den letzten fünf Jahren meines Lebens an mir bewirkt? Wo hat er an mir gearbeitet? Wo komme ich mir »stehengelassen« vor? Ich gebe alle Fragen an Gott weiter. Gott, wie siehst du mich? Was fühlst du, wenn du mich ansiehst? Was sind deine Anliegen? Wo willst du mich haben, was willst du, das ich tun soll? Und ich höre zu.
Nach einer Weile stehe ich auf, gehe los. Einen Weg, den ich noch nie vorher gegangen bin. Es geht steil bergauf. Und noch immer bin ich im Gespräch mit Gott. Ich sehe die Welt mit anderen Augen. Sehe nicht Natur, sondern Gottes geniale Schöpfung. Sehe nicht einfach andere Leute, sondern geliebte Kinder des Höchsten. Schmerzlich wird mir bewusst, dass Gott leidet, weil seine Menschen verloren sind, wie Schafe in die Irre gehen. Und ich spüre einen kleinen Teil von Gottes Schmerz in mir, der mich fast zerreißt. Ich habe vom Bergweg aus einen wunderschönen Blick auf das Dorf im Tal und beginne, für die Menschen dort unten zu beten. Blicke von meiner Unvollkommenheit auf die Vollkommenheit Gottes, komme aus dem Staunen nicht mehr heraus. Plötzlich merke ich, dass es schon fast dunkel ist, höchste Zeit, zum Schloss zurückzulaufen. Zurück zu Gesprächen, Lärm, Gelächter ... Es fällt mir schwer mich loszureißen. Aber ich merke, dass mich die Stille begleitet. In mir ist es ruhig geworden.

Die Stille lieben gelernt

Ich habe die Stille schätzen gelernt. Obwohl es mir immer noch schwerfällt, Zeiten der Stille zu finden, habe ich gelernt, die Stille zu lieben und ihren Wert zu erkennen. Gott schreit nicht. Wenn wir seine Stimme hören wollen, müssen wir lernen, den vielen lauten Stimmen um uns und in uns zu entfliehen (vgl. Elia in 1. Könige 19,11 ff). Nur in der Stille kann ich mit Jesus reden, ohne einen Monolog zu halten. In der Stille kann ich Gott kennen lernen, ihm zuhören, ohne dass seine Stimme von anderen übertönt wird. Ich wünsche mir, das mehr und mehr zu lernen.

»Ich bin zur Ruhe gekommen. Mein Herz ist zufrieden und still. Wie ein Kind in den Armen seiner Mutter, so ruhig und geborgen bin ich bei dir!« (Psalm 131,2).

teil 5: typische fragen

»Gott ist tot!«, brüllt der Student. Er ist überzeugter Atheist und außerdem der Meinung, mit Lautstärke seiner Aussage einen höheren Wahrheitsgehalt verleihen zu können. Erstaunt sieht ihn der alte Pastor an. »Merkwürdig«, erwidert er. »Vor einer halben Stunde habe ich noch mit ihm gesprochen.«

Ein anderer Kritiker könnte einwenden: »Gebete reichen doch nur bis zur Zimmerdecke!« Den Spruch wirst du auch schon gehört haben. Und? Stimmt das? Ich würde hier sogar sagen, ja. Aber das Erstaunliche dabei ist, dass Gott sie trotzdem hört.

Dass Menschen, die nicht gläubig sind, mit Gebet wenig anfangen können, darf uns nicht wundern. Wir gestehen ihnen ihre Zweifel und Fragen gerne zu. Es ist grundsätzlich gut, wenn man nachfragt, um eine Sache genau zu verstehen - besonders, wenn es dabei um unser Verhältnis zu Gott geht. Schon in der Sesamstraße hieß es: »Wer nicht fragt, bleibt dumm.«

Eine ganze Reihe unterschiedlicher Aspekte zum Thema Gebet haben wir bis hierher schon durchgekaut. Und doch sind noch Fragen offen geblieben. Auch solche, die häufig von Christen gestellt werden. Einige davon sollen das Buch abrunden. Vielleicht sind es Fragen, die von dir stammen könnten. Vielleicht sind aber auch welche dabei, mit denen du kein Problem hast. Wie auch immer.

Unter der Rubrik »hotLINE« haben Markus und Antje Schäller in der Jugendzeitschrift komm! viele Jahre Leserfragen beantwortet. Oft ha-

ben sich die Zuschriften um das Thema Sexualität gedreht. Aber nicht nur, wie du gleich sehen wirst.
Was dich weiter beschäftigen mag, sind Fragen wie: »Warum überhaupt beten, wo Gott doch ohnehin schon alles weiß?« Oder: »Warum soll ich für eine Sache mehrmals beten?« Wenn es auf diesem Gebiet einen echten »Experten« gibt, dann ist es Professor Dan R. Crawford. Er hat den weltweit einzigen Lehrstuhl für Gebet inne und arbeitet als Dozent am Southwestern-Baptist-Theological-Seminary in Fort Worth, Texas. Marcus Walter von der dennoch-Redaktion hat ihm die FAQs (»Frequently Asked Questions« - zu deutsch »häufig gestellte Fragen«) zum Thema Gebet gestellt. Seine Antworten und auch die Art und Weise, *wie* Professor Crawford auf die verschiedenen Einwände eingeht, sind unbedingt lesenswert.
Besonders interessant ist die letzte Frage. Da geht es um Gebet innerhalb der Gemeinde. Hast du gewusst, dass wir gar nicht in erster Linie wegen der Predigten zu unseren Gottesdiensten zusammenkommen, sondern, um zu beten? Gott fordert: *»Denn mein Tempel soll ein Bethaus für alle Völker sein«* (Jesaja 56,7b). Dies lässt sich außerdem anhand verschiedenster neutestamentlicher Bibelstellen nachweisen. Vielleicht untersuchst du das mal selbst.
Jedenfalls bin ich froh, dass Daniel Platte für betende Gemeinden (bzw. Jugendgruppen) noch ein paar gute Anregungen geliefert hat, wie Gruppengebete kreativ gestaltet werden können.

Antje und Markus Schäller

>ich kann nicht laut beten!<

Liebe Antje, lieber Markus,
wie ihr euch bestimmt denken könnt, habe ich ein Problem. Ich bin seit ungefähr vier Jahren überzeugter Christ, aber ich kann bis heute nicht mit anderen Menschen laut beten. Versteht mich bitte nicht falsch: Ich habe schon laut für und mit jemandem gebetet, aber ich fühle mich hinterher oft schlecht, weil mir dann Worte einfallen, mit denen ich mein Anliegen besser hätte vorbringen können.
Ich weiß, dass der Heilige Geist mein Gebet umgestalten und weiterleiten wird, so dass es Gott entspricht und ich mir darum keine Sorgen machen sollte. Doch es passiert mir immer wieder bei Gebetsgemeinschaften, dass ich entweder gar nicht bete oder, wenn mir ein Gebet in den Sinn kommt, dass ich es nur leise bete, anstatt die anderen daran teilhaben zu lassen. Trotzdem spüre ich, dass hier ein nächster Schritt für mich zu gehen ist, um im Glauben zu wachsen. Daran werde ich wohl kaum vorbeikommen. Könnt ihr mir helfen?
Gott segne euch.
Anna (Name geändert)

Liebe Anna,
wir beantworten deinen Brief in zwei Schritten. Erst erklärt Antje ihre Gedanken und dann ist Markus dran. »Ladies first« sozusagen. Okay?

Antje: Als ich deinen Brief las, dachte ich: »Der könnte ja von mir aus meinen Teenager-Jahren stammen.« Mir fiel das laute Beten auch sehr

schwer. Bei Jugend- und Gebetsstunden hörte ich die erfahrenen »Laut-Beter« mit wohlgeordneten, theologisch korrekten Gebeten und dachte: »So kann ich das niemals!« Deswegen habe ich dann für mich im Stillen gebetet oder so lange innerlich vorformuliert, bis die Gebetszeit vorbei war. Anschließend war ich vor Aufregung durchgeschwitzt und hatte obendrein ein schlechtes Gewissen. Aber wo sagt die Bibel, dass wir laut beten *müssen*? Wo finden wir etwas darüber, dass man Gebete wie Predigten formulieren muss? Was den Inhalt von Gebeten angeht, gibt uns Jesus ja mit dem Vaterunser (Matthäus 6,9-13) ein Beispiel. Daran orientierte ich mich und fing an, für »allgemeine Themen« zu beten. Zu Hause formulierte ich schriftlich aus, was ich im Jugendkreis sagen wollte. Ich sagte es sogar mehrfach vor mich hin, so dass ich auch in der Gruppe laut beten konnte. Mit der Zeit kamen auch spontane Anliegen dazu.
Vielleicht klingt das alles etwas schematisch und nicht frei genug, wie es sich eigentlich für ein vom Heiligen Geist geleitetes Gebet gehört. Doch wer sagt, dass der Heilige Geist nicht auch zu Hause, als ich das Gebet »trainierte«, dabei war?
Nach und nach konnte ich die Hemmungen ablegen. Aber ich achtete immer darauf, nur *ein* Anliegen vorzutragen und mich kurz zu fassen. Obwohl ich auch heute manchmal denke, dass das, was ich bete, nicht »gut genug« ist, freue ich mich darüber, mit anderen Christen für Anliegen vor Gott einzutreten.

Markus: Die Antwort auf deine Frage bewegt sich zwischen zwei Seiten. Auf der einen Seite glauben wir, dass es keine Vorschrift sein kann, laut zu beten. Es gibt Personen, die das einfach nicht können und deshalb auch nicht können müssen. Wir wollen dich also nicht damit unter Druck setzen. Auf der anderen Seite hat sich in vielen christlichen Jugendgruppen und Gemeinden eine Gebetsträgheit breitgemacht. Der Jugendleiter fängt die Gebetsgemeinschaft an, dann folgt eine Weile nichts und schließlich beendet er die Runde wieder. Auch das kann's nicht sein. Von daher würde ich dir Mut machen, den Weg, wie ihn Antje vorgeschlagen hat, zu gehen.

Aber tu das nicht, damit andere gut von dir denken (Matthäus 6,5), sondern Gott zur Ehre. Denn entscheidend ist, dass Gott Menschen sucht, die »in Geist und Wahrheit anbeten« (Johannes 4,24).

Bete nicht, damit andere gut von dir denken!

Dan R. Crawford

gott hat immer was zu sagen

Marcus Walter hat Professor Crawford ein paar Fragen gestellt, die von allgemeinem Interesse sein dürften.

Wie wichtig ist Beten überhaupt?

Da gibt Jesus uns gute Prinzipien: Er zog sich vor den Menschen zurück, um zu beten, anstatt zu lehren oder zu heilen (Lukas 5,15-16). Das Gebet war ihm wichtiger als Schlaf oder Ruhezeiten (Lukas 6,12; Markus 1,35). Er hat seine Jünger nie das Lehren gelehrt, aber das Beten (Matthäus 6,5-15). Er hat auch nicht von Missionswerken oder Missionsstrategien gesprochen, er hat ihnen befohlen, Gott um die Ernte beziehungsweise um Arbeiter zu bitten (Matthäus 9,37-38).
Wenn wir im Neuen Testament die Verben untersuchen, die beschreiben, was Jesus in seinem Dienst getan hat, wird neben predigen, lehren, heilen, ermutigen, anweisen usw. am häufigsten das griechische Wort für »beten« *proseuchomai* aufgeführt, nämlich 35-mal! Wenn

Jesus selbst so viel Wert auf Gebet legt, dann muss es für uns als seine Nachfolger genauso wertvoll sein.
Leider nehmen wir es nicht immer so wichtig. Aber das Gebet scheint wieder an Bedeutung zu gewinnen. Als ich ein Teenager war, waren unsere Gebetsstunden besser besucht als die Gottesdienste sonntags. Das waren oft die ergreifendsten Zeiten für unsere Gemeinde. Im Laufe der Jahre ging es den Leuten besser und man wurde selbstzufriedener und weniger abhängig von Gott, so dass es mit den Gebetsstunden bergab ging. Mittlerweile kehrt man zum Gebet zurück, es ist modern geworden zu beten. Und Gott sei Dank auch wieder so wichtig, dass das Seminar einen Lehrstuhl finanziert. Ich hoffe, dass noch andere theologische Seminare auf der Welt folgen werden.

Muss ich unbedingt beten, wenn ich nicht dazu aufgelegt bin oder wenn ich gerade keine Freude am Beten habe?

Um es mal vorsichtig auszudrücken: Wenn du so denkst, dann hast du Gottes Absicht über das Beten nicht ganz verstanden. Seit der Erschaffung des Menschen ist das Gebet die Art und Weise, mit dem Schöpfer zu kommunizieren. Es ist nicht erst entstanden, weil du oder ich Probleme haben oder wir gut drauf sind und dann mit Gott reden wollen. Vielleicht hast du angefangen zu beten, als es dir schlecht ging, aber Gebet gab es schon immer. Für Gott war es immer wichtig.

Das Gebet bedeutet Gott viel mehr als uns!

Die Zeit meiner Tochter am College machte das uns bewusst. Wenn sie während des Semesters in einer anderen Stadt wohnte, rief sie mehrmals pro Woche an, einfach weil sie mit uns reden wollte und wir mit ihr. Wir haben für diese Telefonate mehr Geld ausgegeben als für die Bücher, die sie brauchte. Uns war es das wert. Genauso bedeutet Gott das Gebet viel mehr als uns!

Gebet ist keine Einbahnstraße. Viele Menschen reden von mir, für mich, über mich oder über mich hinweg, aber Gott spricht *mit* mir. Als Gläubige hören wir Gottes Stimme. Dies kleine Wörtchen »mit« eröffnet die zutiefst persönliche Dimension des Gebets. Darum kann ich Gott liebevoll »Papa« oder »Dad« nennen. Gott hat immer etwas zu sagen. Wie geht es dir eigentlich, wenn du nicht zum Beten aufgelegt bist? Vielleicht bist du in diesem Moment nicht bereit, dich auf Gott einzulassen. Dann bete trotzdem, weil es auf die Disziplin ankommt. Gebet ist nicht einseitige Kommunikation. Gott spricht mit dir.

Und wenn ich nicht die »Gabe des Betens« habe?

Es geht hier nicht um eine Gabe. Die Fürbitte für andere, das mag eine Gabe sein, aber das Gebet ist eine Disziplin. Mit allen Nachteilen, die eine Disziplin mit sich bringt. Disziplin bedeutet nun mal, dass du weitermachst, egal wie du dich fühlst. Gebet musst du einüben, es zu deiner Gewohnheit machen und Durststrecken hindurchbeten.
Bei der Fürbitte habe ich festgestellt, dass es Menschen gibt, die diese Gabe haben und andere nicht. Die, die sie haben, die können gar nicht anders, als für andere zu beten. Das Gebet ist für diese Menschen ein Muss. Der Heilige Geist treibt sie einfach ins Gebet. Sie sind die Krieger auf Knien. Andere bestätigen das dann. Oft sind es Frauen, weil sie durchschnittlich sensibler sind und auch mehr Zeit in der Fürbitte verbringen können. Aber das Gebet ist eine Disziplin, die gewohnheitsmäßig eingeübt werden soll. Dazu gehören Zeit, Ort, Ausrichtung, Konzentration und Selbstorganisation.

Warum soll ich überhaupt beten? Gott weiß doch sowieso schon alles!

Ein Christ soll beten, weil die Bibel es lehrt. Das erste Mal taucht das Wort »beten« in 1. Mose 20,7 auf und das letzte Mal in Offenbarung

22,20. Die Kommunikation mit Gott beginnt schon im Garten Eden (1. Mose 3,10). Der Gedanke des Betens durchzieht die ganze Bibel. Das Neue Testament schreibt von 24 Gebeten, die Jesus sprach. In Unmengen von Bibelstellen werden die Christen aufgefordert, füreinander zu beten.

Gott weiß zwar alles, aber trotzdem sollen wir beten. Warum? Wir sollen beten, weil es dem Ruhm Gottes dient, weil wir ihn damit ehren, damit der Sohn im Vater verherrlicht wird (Johannes 14,13), weil Gott es überhaupt erst erlaubt.

> Wir werden zeitlebens nicht erfahren, welche Auswirkungen unsere Gebete haben.

In uns bewirken Gebete auch vieles: Wir werden nicht müde (Lukas 18,1), unser innerer Mensch wird gestärkt (Epheser 3,16), wir erleben Heilung (Jakobus 5,16), der Friede Gottes wird uns leiten (Philipper 4,7), wir unterstützen andere beim Verkündigen des Evangeliums (Epheser 6,19) und, und, und. Wir werden zeitlebens nicht erfahren, welche Auswirkungen unsere Gebete in der unsichtbaren Welt haben.

Welche Gebete beantwortet Gott? Welche nicht?

Gott antwortet immer. Er erhört jedes Gebet. Und zwar so, wie er es für richtig hält. Die Antwort Gottes kann ein »Nein« sein. Wenn Gott auf unser intensives Drängen hin unsere Wünsche nicht erfüllt, dann können wir nur froh darüber sein, weil er uns damit vor viel Schlimmerem bewahrt hat. Dieses eine Gebet hat dann zwar kein »Happy End«, dafür aber unser weiteres Leben. Es besteht ein himmelweiter Unterschied zwischen der Tatsache, dass Gott ein Anliegen zurückweist, und unserer Interpretation, dass Gott nicht antwortet.

Eine Antwort kann ein »Ja« sein, was wir uns immer erhoffen. Sie kann aber auch ein »Wie wär's denn damit?« sein. Dann öffnet Gott einen viel besseren Weg. König Hiskia bekam noch 15 Lebensjahre hinzu (2. Könige 20,1-6), die Gemeinde betete nur für die Sicherheit von Petrus und Gott entließ ihn gleich in die Freiheit (Apostelgeschichte 12,5-17). Eine andere Antwort Gottes kann ein »Warte noch« sein. Die Jünger sollten in Jerusalem warten, bis der Heilige Geist auf sie gekommen war (Lukas 24,49). Dieses Warten erscheint uns oft so, als wenn Gott nicht antworten würde. Aber es kommt der Tag, an dem wir das Gebet aus seiner Perspektive sehen und dann verstehen, warum wir warten sollten.

Ich verpasste einmal trotz Gebets einen Flug von Pensacola (Florida) nach New Orleans und saß aufgewühlt in der Lounge für den nächsten Flug. Warum musste mir so etwas passieren, der ich doch für das Reich Gottes arbeitete? Warum hatte Gott meine Bitten nicht erhört? Auf eine Ansage hin, ging ich zum Schalter. Dort wurde mir und den anderen Passagieren gesagt, dass der nächste Flug große Verspätung haben würde. Das Flugzeug, das ständig zwischen Pensacola und New Orleans flog, war bei der Landung in New Orleans abgestürzt. Ich danke Gott für sein »Nein«. Bei einem »Ja« hätte ich in dem Flugzeug gesessen.

Warum soll ich für eine Sache mehrmals beten? Reicht es nicht, wenn ich Gott mein Anliegen einmal genannt habe?

Schauen wir uns Matthäus 7,7 an: *»Bittet, und ihr werdet bekommen, was ihr braucht; sucht, und ihr werdet finden, klopft an, und es wir euch geöffnet!«* Jesus zeichnet drei Stufen des Gebets, wenn er zuerst von *Bitten*, dann von *Suchen* und schließlich von *Anklopfen* spricht. Wenn uns eine Sache in den Sinn kommt, dann beten wir dafür. Manchmal wartet Gott ab, ob uns die Sache wirklich wichtig ist. Dann mag sich herausstellen, dass das nicht der Fall ist, denn wir vergessen sie. Gott hat sie uns vorenthalten, um uns nicht zu verwöhnen, zu verzogenen Kindern zu machen. Liegt uns diese Sache wirklich am

Herzen, dann beten wir dafür. Wir bringen sie immer wieder vor Gott und zeigen ihm damit, dass sie uns wirklich wichtig ist. Natürlich weiß er das schon vorher, aber *wir* wissen es oft nicht oder haben falsche Vorstellungen, Motive und Erwartungen. Im Prozess des Betens ändert Gott häufig unsere Sicht der Dinge, so dass wir neu, anders oder gar nicht mehr um diese Sache beten.

> Manchmal wartet Gott ab, ob uns eine Sache wirklich wichtig ist.

Die dritte Stufe ist das Anklopfen bei Gott. Es ist ein beständiges Ringen im Gebet. Wie ein Mensch, der vor der Tür steht und unaufhörlich anklopft. Wenn Gott noch abwartet mit einer Antwort, dann formt er weiter unseren Glauben. Dieser reift und das ist gut. Gott antwortet zu seiner Zeit. Und zwar dann, wenn es für uns am besten ist.

Und was ist, wenn Gott gar nicht antwortet?

Kinder sind enttäuscht, wenn ihre Eltern auf ihr Drängen hin mit Schweigen reagieren. Wir sind da nicht anders. Erst, wenn Zeit vergeht und unser Glaube reift, werden wir fähig, das Schweigen Gottes als ein »Warte noch«, »Wir werden sehen«, »Ja« oder »Nein« zu verstehen. Aber Gottes Schweigen bedeutet niemals Abwesenheit. In der Stille ist Gott ganz nah. Achte noch intensiver auf sein Reden! Lebe in noch engerer Gemeinschaft mit ihm! Gott gibt immer eine Antwort, auch wenn wir sie nicht hören oder verstehen.

Warum soll ich laut oder in der Öffentlichkeit beten?

So wie ein Baum Wurzeln hat und auch eine sichtbare Krone, so hat auch ein Christ eine persönliche, intime Zeit mit Gott und eine Zeit der sichtbaren, öffentlichen Nachfolge, zu der auch das laute Beten gehört. Lautes Beten will geübt sein. Darum fängt man am besten im kleinen Kreis an. Beim Beten im großen Kreis hat man nicht nur Gemeinschaft mit Gott, man nimmt auch die Zuhörer mit in die Gegenwart Gottes. Wir dürfen nicht vor den Menschen sprechen, ohne vorher mit Gott gesprochen zu haben. Wir dürfen auch nicht nur zu Gott sprechen und gleichzeitig die Menschen um uns herum ignorieren.

Nützt es etwas, wenn ich »im Namen Jesu, Amen« bete?

Das ist eines dieser immer wiederkehrenden Gebetsrituale. Manche sagen zweimal in jedem Satz »Herr«. Manche beten zum Abschluss immer die Worte: »... und segne alle Missionare«. Ich wundere mich, dass Gott nicht laut antwortet: »Dann nenne mir doch konkret drei Missionare!« Gerade das Wort »Segen« oder »segnen« bedeutet oft alles und gar nichts. Gebetsrituale kosten Zeit und bringen keinen Vorteil. Brächten sie einen, dann wäre Gott käuflich. Aber Gott ist souverän in der Art und Weise, wie er auf Gebet antwortet. Wenn meine Kinder ständig mit demselben Satz ein Gespräch beendeten, dann würde mich das ziemlich nerven. Aber ich bin mir sicher, dass Gottes Geduld mit uns Menschen weit größer ist als meine Geduld mit meinen Kindern.

Warum soll ich dafür beten, dass ein Mensch zum Glauben kommt?

Es ist der Wille Gottes, dass Menschen sich zu ihm bekehren. Dafür hat er uns sein Evangelium gegeben und den Befehl, es zu allen Menschen dieser Welt zu bringen. Jeder Anstrengung, den Missionsbefehl auszuführen, begegnet Satan mit enormem Widerstand. Jede evangelistische Aktion findet daher in einem Klima des Krieges statt. Jede evangelistische Aktivität benötigt sehr intensives Gebet in der Vorbereitung und auch in der Durchführung, weil Jesus selbst es vorschreibt (Lukas 10,2). Gebet bereitet den Weg für persönliche Evangelisation. Wir können keinen Menschen zu Gott führen, ehe nicht Gott diesen Menschen zu uns geführt hat.

> Gebet bereitet den Weg fuer persoenliche Evangelisation.

Wir sollen beten, dass der Heilige Geist die Nichtchristen zu Gott führt (Johannes 6,44); dass alle Menschen nach Gott suchen (Apostelgeschichte 17,27); dass alle Menschen an das Wort Gottes glauben (Römer 10,17); dass Gott Satan bindet, um die Menschen nicht zu verblenden (Matthäus 13,19); dass sie an Jesus Christus als ihren persönlichen Erretter glauben (Johannes 1,12).

Das sind nur einige Bibelstellen, die deutlich machen, wie wichtig das Gebet für die Bekehrung eines Menschen ist.

Wie wird eine Gemeinde zu einem Ort des Gebets?

Die Schafe führen niemals den Hirten. Sie folgen ihm. Die Gemeinde folgt ihren Ältesten. Sie sind der entscheidende Faktor, damit eine Gemeinde zu einem Zentrum des Gebets wird. Wenn sie vorangehen, wird die Gemeinde folgen.

Manchmal treiben auch äußere Umstände eine ganze Gemeinde ins Gebet. Das Massaker der beiden Schüler in der Highschool von Littleton war fast vergessen, da stürmte im September 1999 ein Amokläufer mit zwei Gewehren, 200 Schuss Munition und einer Bombe einen Jugendgottesdienst in unserem Gemeindehaus. Er hat sieben junge Menschen umgebracht, bevor er sich selbst erschoss. Das Blutbad hat unsere Gemeinde zusammengeschweißt. Heute sind wir eine Gemeinde von mehr als 1.200 wiedergeborenen Mitgliedern ohne »Karteileichen«. Unser Gebet ist noch nie so stark gewesen.

Solche äußeren Umstände sind natürlich nicht wünschenswert, aber sie machen eine Gemeinde zu einem Ort des Gebets.

Daniel Platte

kreatives beten in der gruppe

Gott möchte auch, dass sich Christen zum Gebet *zusammentun* (Matthäus 18,19; Apostelgeschichte 4,24). Die folgenden Gruppengebetsarten sollen als Anregung für deine Jugendgruppe, für Freizeiten oder deinen persönlichen Freundeskreis dienen. Sie sollen euch helfen, die Bedeutung von Gebet neu zu entdecken und Gott gemeinsam zu begegnen. Echte Liebe zum Herrn erkennt man an ihrer Frische und Kreativität. Langeweile steht dazu im Widerspruch.

Wechselgebet

Viele Psalmen sind geeignet, sie Vers für Vers abwechselnd in Gruppen (z.B. in Jungen- und Mädchengruppe aufteilen) zu beten. Oder jemand liest einzelne Verse aus Psalm 136, während die Gruppe jeweils antwortet: *»... seine Gnade hört niemals auf.«* Am Ende des Buches findest du ein Wechselgebet, das sich an Psalm 62 orientiert: »Du bist der, der mir Hoffnung gibt.« Auch die Vaterunser-Version von Susanne Gönner (Seite 74) kann auf diese Weise gebetet werden.

Musikalisches Beten

Suche Lieder aus, die sich an Gott oder den Herrn Jesus richten. Die singt ihr dann in der Gruppe als Gebete.

Du kannst der musikalischen Gebetszeit auch ein Thema geben: »Gottes Größe« oder »Freude an seinem Wort«.

Auf Empfang

Stelle ein altes Radio auf den Tisch. Bitte jemanden aus der Runde, einen bestimmten Sender einzustellen. Er wird sich so lange am Tuning-Regler und an der Antenne betätigen, bis er einen klaren Empfang bekommt. Gebet lässt sich gut mit diesem Sich-Ausrichten vergleichen. Nehmt euch Zeit, um euch auf Gott auszurichten.

Gott loben von A-Z

Gott besitzt viele bewundernswerte Eigenschaften. Er ist allwissend, barmherzig, comforting ... Schreibe die Buchstaben des Alphabets auf einzelne Karten (damit es nicht zu schwierig wird, kannst du auch die Buchstaben C, Q, X und Y weglassen). Lege diese in der Gruppe bunt gemischt auf den Tisch. Nun kann sich jeder einen Buchstaben ziehen, eine Eigenschaft Gottes überlegen, die mit diesem Buchstaben beginnt, und Gott dafür loben.

»Merci« sagen

Lege eine große Tafel Merci-Schokolade auf den Tisch. Jeder, der einen Grund genannt hat, warum er Gott dankbar ist, darf sich einen Riegel nehmen. Wenn euch auf diese Weise viele Gründe bewusst geworden sind, geht zur Gebetsgemeinschaft über, um Gott konkret zu danken.

Briefe an Gott schreiben

Jeder schreibt ein Gebet mit möglichst konkreten Anliegen an Gott. Alle Briefe enden mit der Aussage: »Ich bin gespannt, was daraus wird.« Zum Schluss werden die Briefe in je einen Umschlag, auf den der Verfasser seine Adresse schreibt, gesteckt und zugeklebt. Du nimmst die ganze Post mit nach Hause. Nach zwei Monaten bekommt jeder seinen eigenen Brief zugestellt ... Lasst euch überraschen, wie Gott in der Zwischenzeit auf eure Anliegen eingegangen ist.

Bienenkorbgebet

In der großen Runde wird über ein Gebetsanliegen berichtet. Dann wird parallel in kleinen Gruppen von zwei oder drei Leuten dafür gebetet. Den Abschluss macht einer, der laut und für alle hörbar betet, oder jemand stimmt ein Lied an.

Gebetskette

Um einen ganzen Gebetsabend (oder sogar eine Gebetsnacht?) kurzweilig und anregend zu gestalten, bietet sich folgende Methode an: In der Gesamtgruppe werden verschiedene Gebetsanliegen zu einem Thema (z.B. Dank, Bekenntnis, Bitten etwa für die Gemeinde, Evangelisation, verfolgte Christen) gesammelt. Dann wird fünf bis zehn Minuten in jeweils einer bestimmten Weise gebetet: im Bienenkorb, zu zweit, allein im Stillen, im großen Kreis ...
Verschiedene Gebetsformen reihen sich im Laufe des Abends wie Kettenglieder aneinander. Jeder Part wird mit einem Lied abgeschlossen, bevor das nächste Thema vorgestellt wird.

»Darf-ich-für-dich-beten«-Zettel

Am Ende der Gruppenstunde bekommt jeder einen Zettel, auf den er seinen Namen und einen Dank oder eine Bitte für die kommende Woche aufschreiben kann. Dann werden die Zettel eingesammelt, gemischt und wieder neu ausgeteilt.
Während der Woche betest du für die Person, deren Zettel dir zugeteilt wurde, und ein anderer betet für dich.

Wunschzettel

Jeder bekommt ein schön gestaltetes Blatt, einen Wunschzettel. Darauf darf der Einzelne alles schreiben, was er sich wünscht. Erinnerungen an die Kindheit werden geweckt. *Freue dich über den Herrn; er wird dir alles geben, was du dir von Herzen wünschst* (Psalm 37,4). Stelle Fragen dazu: Wie konkret sind deine Wünsche? Hast du mit Gott schon über diese Wünsche gesprochen? Bist du offen für Überraschungsgeschenke?

»SOS« funken

Eines der kürzesten Gebete der Bibel heißt: »Hilf mir, Herr!« - ein SOS-Notruf. Lege eine blaue Tischdecke auf (ein blauer Bogen Papier reicht auch). Ihr betet in diesem Fall, indem ihr eure »Notrufe« auf ein DIN-A4-Blatt schreibt. Anschließend bastelt jeder nach Anleitung ein Schiff aus seinem Blatt. Die Schiffe werden auf den blauen Untergrund geklebt und wenn ihr wollt, hängt ihr das Ganze als Erinnerung an die Wand. Kein Notruf wird vergeblich abgesandt!

Popcorn-Gebetszeit

Diese Art des Gruppengebets wirkt wie Puffmais in der Pfanne, der an unterschiedlichen Stellen schnell hintereinander »explodiert«. Lange Gebete ermüden die Zuhörer. Hier sollen sie kurz sein: ein oder zwei Sätze. Und »Amen« sagt man erst ganz am Ende. Lieber öfter als lang beten! Auch viele, die sich sonst nicht trauen, laut zu beten, machen plötzlich den Mund auf. Meist entwickeln sich so sehr lebendige Gebetszeiten.

Martin Schmid (KonfiCastle, CVJM Bayern)

du bist der, der mir hoffnung gibt

Wechselgebet frei nach Psalm 62

Alle: Nur bei dir, o Gott, komme ich zur Ruhe. Du bist der, der mir Hoffnung gibt.

Einer: Lieber Vater, oft verstehe ich die Welt nicht. Ich weiß nicht so recht, wie es weitergehen soll. Es gibt Kriege und Hunger. Das macht mich unruhig. Wo komme ich zur Ruhe und wer hilft mir?

Alle: Nur bei dir, o Gott, komme ich zur Ruhe. Du bist der, der mir Hoffnung gibt.

Einer: Lieber Vater, wenn ich nur die Geduld und die Ausdauer hätte und mich voll und ganz darauf verlassen könnte, dass du mir hilfst. Leider schaffe ich das nicht immer. Wo komme ich zur Ruhe und wer hilft mir?

Alle: Nur bei dir, o Gott, komme ich zur Ruhe. Du bist der, der mir Hoffnung gibt.

Einer: Lieber Vater, manchmal fühle ich mich von meinen Freunden nicht akzeptiert. Ständig habe ich zu kämpfen, um ein wenig Anerkennung zu erhalten. Wo komme ich zur Ruhe und wer hilft mir?

Alle: Nur bei dir, o Gott, komme ich zur Ruhe. Du bist der, der mir Hoffnung gibt.

Einer: Lieber Vater, wie oft verliere ich dich aus den Augen und lebe mein eigenes Leben. Auch, wenn ich das nicht so plane, denke ich oft, ich sei mein eigener Gott. Doch wo komme ich zur Ruhe und wer hilft mir?

Alle: Nur bei dir, o Gott, komme ich zur Ruhe. Du bist der, der mir Hoffnung gibt.

Einer: Lieber Vater, warum gebe ich mich oft anders, als ich es möchte? Ich verletze meine Freunde, lüge andere an und schleiche mich so durchs Leben. Wo komme ich zur Ruhe und wer hilft mir?

Alle: Nur bei dir, o Gott, komme ich zur Ruhe. Du bist der, der mir Hoffnung gibt. Du kennst mich und liebst mich mit all meinen Schwächen. Danke. Amen.

ein konkretes angebot

Hast du Probleme in deinem Leben als Christ? Beschäftigen dich Sorgen oder Fragen? Du kannst uns schreiben. Seit vielen Jahren besteht ein lebhafter Briefwechsel zwischen jungen Leuten in deinem Alter und und dem hot-LINE-Team der Jugendzeitschrift komm! (s. Infos auf Seite 127).
Die Leute, die dort mitarbeiten, wollen versuchen, auch dir zu helfen und dir als Freund zur Seite zu stehen.
Also: Dein Brief oder deine E-Mail wird beantwortet. Ganz persönlich und vertraulich. hotLINE ist Vertrauenssache. Auf jeden Fall! Schreibst du uns?

komm!-hot-LINE
Kirchstraße 4
35685 Dillenburg
E-Mail: hotline@kommline.de

weitere buchempfehlungen:

Josh McDowell: **Warum Topfpflanzen keine Gebete erhören**, 42 Irrtümer rund um den Glauben
224 Seiten, Best.-Nr. 273.443, EUR 9,90

»Ist Gott der Spielverderber des Weltalls?«
»Ist die Bibel eine Sammlung von Legenden?«
»Ist alles relativ?«
»Führen alle Wege nach Rom?«
42 Einwände aus deinem Umfeld werden knapp und lebensnah behandelt, viele gängige Klischees werden entlarvt.

Markus und Antje Schäller / Markus Wäsch (Hrsg.): **Sex ... um Gottes Willen**, Fragen und Antworten aus der komm!-hotLINE
128 Seiten, Bst.-Nr. 273.291, EUR 5,90

»Warum bis zur Ehe warten?«
»In der Gemeinde wird nie über Sex gesprochen ...«
»Mein Freund will mit mir ins Bett.«
»Freundschaft mit einem Nichtchristen«
»Wer ist der oder die Richtige?«
Junge Leute kommen mit ihren Fragen zu Wort und erhalten Antworten - offen und ehrlich - von erfahrenen Mitarbeitern, die zeigen können, wie man auch in Sachen Sex nach Gottes Willen leben kann.

Christliche Verlagsgesellschaft mbH
www.cv-dillenburg.de

zeitschriften:

komm!
Das Magazin für junge Christen (14-24 Jahre). komm! will konkret ansprechen und Orientierung geben. Für Jugendliche, die wissen wollen, wie man sein Leben mit Gott leben kann, ist komm! genau richtig.
DIN-A4, geheftet, 32 Seiten, erscheint sechsmal jährlich, Best.-Nr. 272.716, EUR 14,90 (Jahresabo inkl. Porto)

Bestell dir dein Probeexemplar:
Christliche Verlagsgesellschaft mbH,
Postfach 12 51, 35662 Dillenburg,
Telefon 02771/8302-0, E-Mail info@cv-dillenburg.de

dennoch
Das Magazin mit Klartext. Für junge Erwachsene ab 18 Jahren. dennoch fordert heraus, bringt dich im Glauben weiter. Bei uns kommen Persönlichkeiten mit Standpunkt zu Wort - dem Standpunkt der Bibel. Manchmal unbequem, aber immer hilfreich.
DIN-A4, geheftet, 60 Seiten, erscheint sechsmal jährlich, EUR 18,75 (Jahresabo inkl. Porto)

Bestelladresse: www.dennoch.de,
Telefon 02261/920548-0, E-Mail mail@pulsmedien.de)